THE CRITIQUE
OF THE ECONOMICS
OF THE RICH

REVIEWS ON
CHINA'S ECONOMICS
RESEARCH

富人经济学批判

中国经济学研究评论

马传景 ★ 著

SM 中国言实出版社

图书在版编目（CIP）数据

富人经济学批判：中国经济学研究评论 / 马传景著.
—北京：中国言实出版社，2014.11
ISBN 978-7-5171-0475-9

Ⅰ.①富… Ⅱ.①马… Ⅲ.①经济学－研究－中国
Ⅳ.①F120.2

中国版本图书馆 CIP 数据核字（2014）第 259828 号

责任编辑：佟贵兆　唐　伟

出版发行　中国言实出版社
　　地　　址：北京市朝阳区北苑路 180 号加利大厦 5 号楼 105 室
　　邮　　编：100101
　　编辑部：北京市西城区百万庄大街甲 16 号五层
　　邮　　编：100037
　　电　　话：64924853（总编室）64924716（发行部）
　　网　　址：www.zgyscbs.cn
　　E-mail：zgyscbs@263.net
经　　销　新华书店
印　　刷　北京温林源印刷有限公司
版　　次　2015 年 3 月第 1 版　　2015 年 3 月第 1 次印刷
开　　本　880 毫米×1230 毫米　1/32　7.25印张
字　　数　135 千字
定　　价　28.00 元　　　ISBN 978-7-5171-0475-9

目录 / CONTENTS

伟大的时代
呼唤伟大的经济思想
（代序）

呈现在读者面前的，是一组关于中国经济学研究现状的学术评论文章。

"论古人须具卓识，对俗客勿进箴言。"决定写这本小册子之前，我是犹豫过的。

一则一直以来我不是主流经济学研究的"圈内人"，担心对中国经济学研究现状把脉不准，犯隔靴搔痒、文不对题等错误；或落后于学术发展，论述阐发不够专业。这些都会贻笑于大方之家。二则对那些挂着经济学家桂冠的市井名利之徒，讲一番严肃的科学经济学研究的道理，我担心不过是春风过耳，对牛弹琴，不说白不说，说了也白说。

促使我下决心写这本小册子，也有三个方面的原因。第一，我虽然不是主流经济学研究的"圈内人"，却是经济研究的"当事人"，因此不完全是经济学研究的"局外人"。第二，"不识庐山真面目，只缘身在此山中"，因为与纯经济学术界保持着一定距离，旁观者清，比圈内人更能清醒地看到当今经济学研究存在的问题，也未可知。第三，对经济学研究现状讲真话，还是圈子外边的人做起来容易一点。按"经济人"思维来思考问题，选择经济学家这个职业，也是人们出于经济利益的考量。经济学圈内人对经济学研究"吐槽"，不是自己砸自己的饭碗吗？对经济学研究存在的问题，大家都熟视无睹，如果有人非要说出"皇帝新衣"的真相，以后在经济学界这个江湖上就不好混了。我不是主流经济学圈内人，不靠在经济学界的名气和人缘吃饭，所以尽管讲真话。（看起来，经济分析的力量，还是蛮强大的。其实，这不过是常识。有人说，经济学告诉我们的正确的知识，通常都是常识。经济学说错了的话，通常都是违背常识的。）

说自己不是经济学研究的局外人，那是因为，从1978年2月到现在这36年时光，我是在学习经济学、研究经济问题中度过的。以个人性格和兴趣，我宁愿做一个"学院派经济学家"：当一名大学经济学教授，或者在专业研究机构做一名经济专家。然而造化弄人，20世纪80年代中期研究生毕业后，我被分配到中共中央主办的理论刊物（当时叫《红旗》杂志，后来改名为《求是》杂志）做了一名经济理论编辑，在这个岗位上工作时间长达15年。按职业分类，算是一个"意识形态经济学家"。严格地说，我没有完全按照角色要求行事，没有把全部精力都用来做宣传工作，业余时间始终关注经济理论发展，并根据个人兴趣进行着独立经济研究。另外，由于党中央机关刊物的特殊性质和地位，从《红旗》杂志到《求是》杂志都有一个传统，就是对编辑人员的研究能力有很高要求，明确要求编辑人员起码要成为某一领域的"半个专家"，否则没有底气对领导及国内一流专家的文章能否采用做出正确判断，也难以就这些"大人物"的文章提出中肯的修改意见。那些年，在兢兢业业编发文章、认认真真为他人做嫁裳的同时，我围绕中国工业改革发展、国有企业改革、产业经济等问题进行了研究，出版了几本经济学专著，公开发表了几十篇论文。这一时期，是我学术成果的高产期。现在到网上去搜寻，看到的大都是我那个阶段的著作和论文。

新千年伊始，我奉调到国务院的一个办事机构工作，主要工作任务是为国务院领导提供决策咨询服务。说得明白一点，就是为国务院领导起草各种场合的讲话稿、新闻稿，组织或参加国务院有关文件的起草，围绕国务院的核心工作和领导同志的部署，就某些重大经济问题开展调研，提出具有操作性的政策建议。就这样，按经济学职业分类法，我又成了一个"职业经济学家"（Professional Economist）或者"政府经济学家"，一干又是 12 年。这十几年，我的研究成果也很丰富，但是有的属于"政府资产"，没有个人"知识产权"；有的由于涉密，不能公开发表；有的有政策意义，但不是规范的经济学学术论文，不宜发表。从纯学术角度看，似乎是我学术生涯的低谷。其实，这一阶段的研究虽然没有带来个人名利，如果从实际价值看，重要性却远远超过前 15 年。因为这时候我已过不惑之年，对各种经济学说的理解比以前更深刻，对现实经济生活的把握比以前更深入，研究目的已超越"为艺术而艺术"即发表文章和出版著作，研究成果可以为国家的经济决策提供依据。

交代我的职业和工作背景，是想说明，几十年来虽然一直是主流经济学研究的"圈外人"，但这并不影响我对中国经济学研究状况的密切关注。审视改革开放以来中国经济学研究发展历程，有一个重要现象引起了我的注意：在改革开放早中期，中国经济学研究不断获得重大突破，迎来了空前的繁荣，为改革开放和经济发展提供了强有力的理论支持，直接促进了改革开放和现代化建设进程，经济学因而成为显学，经济学家成为受人尊重的职业。大致是从20世纪90年代早期开始，尔后趋势日趋明显，经济学研究大的突破日见其少，经济学研究与现实经济生活日益脱离，渐行渐远，对国家经济改革和发展重大决策的影响明显减弱，作为显学的经济学也被随后兴起的"国学热"等取代，经济学家屡屡为人诟病，名声一落千丈。最近教育部公布了一批高等教育中就业情况差的专业，其中经济学专业赫然在列。经济学已经沦落到这个地步，还是大大出乎我的意料，不禁太息良久，悲从中来。

毫无疑问，中国经济学研究一定出了大问题。作为一个有责任感的经济研究工作者，也由于对经济科学的热爱，我感觉中国经济学发展是自家的事，有些话不说出来，如同骨鲠在喉，必须一吐为快。经过多年观察思考，沉淀下来，有了本书的十篇文章和两个附录。通过对中国经济学研究中存在的问题进行了梳理、分析，进而形成了这本小册子。

　　为了使读者有一个初步概念，我先扼要分析其中几个重要方面的问题。

　　第一，经济学研究趋向精英立场，经济理论成了"富人经济学"。政治经济学或经济学是研究财富增加及其性质的社会科学，也是研究经济利益问题的科学，不可能避开"增进谁的利益、关注谁的利益"这一根本问题，不可能避开价值判断，不可能没有一定立场。国内一些经济学家拾西方经济学家之牙慧，重复所谓经济学中立性论调，声称经济学研究应当去价值化、去道德化、去意识形态化，一时间所谓纯粹、中立的经济学研究成为了主流话语。回顾经济学发展史，英国经济学家西尼尔、法国经济学家巴斯夏提出经济学研究中立论，反对政治经济学研究的阶级观点，是为了防止马克思主义理论和社会主义思想影响的扩大，抹杀当时存在的阶级剥削现实，麻痹广大工人，抵制风起云涌的工人运动，实际上是为了维护占统治地位的资产阶级的利益。而一旦落实到经济政策上，这种所谓的中立性就变得无影无踪了，屁股坐在哪一边就昭然若揭。西尼尔主笔的《国会修改济贫法报告》，其中提出的方案比最低工资制还要倒退一步，强迫工人接受任何恶劣工作条件下的最低报酬的工资，否则将取消对他们的救济。国内一些经济学家也是一样，在理论上强调中立性，主张经济学要成为纯粹的科学，似乎只关注效率问题，只研究资源配置优化问题，只站在不偏不倚的科学立场上说话，而一旦到了经济政策层面，他们站在哪一边就一清二楚了。他们提出的经济政策主张，公开表示了对普通劳动群众的歧视及对他们利益的极大漠视，为扩大富人利益出谋划策。如提出公平应该服从效率的提高；主张发展可以解决一切问题，经济发展起来了，蛋糕做大了，通过漏出效应，分配问题自然就会得到解决；反对提高工人工资和福利水平，公开指责新的《中华人民共和国劳动合同法》不利于提高企业竞争力，甚至有人主张取消社会保障；在企业老板与工人关系方面，主张企业剩余索取权归属于资本所有者，劳动者只能听从资本所有者使唤；主张由工人承担企业改革的代价，通过使几千万工人下岗失业提高国有企业的效率和竞争力；主张国有企业私有化，督促政府抓紧低价甩卖国有资产，使资产加快向少数人手中集中；提出腐败特赦论，即在时间上划一条线，比如对党的十八大以前的腐败犯罪行为一笔勾销，只对以后犯下的罪行予以惩处，如此等等。由于这些经济学家所提出的政策主张完全站在富人利益立场上说话，一段时期以来，媒体上对他们的批评声音不断，称他们是既得利益阶层的代言人，是新权贵们的鹰犬。

社会主流思潮对塑造社会制度和社会秩序有着巨大的力量和影响。在主流经济思潮的影响下，一些地方和一些经济政策，明显地带有劫贫济富的色彩。在发展压倒一切，效率优先的思想指导下，一直实行压低土地、矿产资源、能源价格和劳动者工资的政策，不惜污染空气和破坏环境加快发展速度，使企业实际成本低于社会成本，保证了企业利润和所谓竞争力，却加快了资源枯竭进程，断了子孙后代的生路，绿水青山、蓝天白云成了回忆，劳动者福利改善严重滞后于经济发展；持续几十年的大规模农村圈地运动和城市拆迁运动，实现了农民和城镇居民利益向外商、开发商、企业主的输送；快买、贱卖、甩卖甚至白白奉送国有企业，使国有资产向少数人手中集中，积累了几十年的国有资产一夜之间变成了个人私产；为了降低成本，提高效率，救活一批企业，3000多万国有企业工人承受了改革代价，成为下岗失业人员；在不改变市场垄断结构的前提下，不放开市场准入的条件下，匆匆实行教育、医疗卫生等公共服务领域相当程度的市场化，掏干了穷人腰包里的血汗钱。这些政策实施的结果，老百姓不能共享发展成果，形成典型的有增长无发展状况，引起了决策层和全社会的反思。中央提出科学发展观，开始纠正这种劫贫济富的政策和做法。强调以人为本，建立工资随着经济发展而提高的机制；建立和完善社会保障制度，不断提高社会保障水平；建立国有产权交易市场，实行公开交易、公开竞价，防止国有资产流失；加强资源利用和保护环境，促进经济社会可持续发展，等等。"主流经济学"经济思想和政策主张的市场日益缩小。

马克思一直旗帜鲜明地声称，他的经济理论是为工人阶级利益服务的。几代古典经济学大师也在他们的学说中体现了人道主义精神。亚当·斯密的经济学是以自然规律为依据的道德哲学。即使是新古典经济学的集大成者马歇尔，虽然不同意马克思的社会主义思想，但对马克思学说体现的人道主义精神也保持着应有的尊重。诺贝尔经济学奖得主、芝加哥大学教授舒尔茨在获奖演说中提出，"世界上大多数人是贫穷的，所以如果我们懂得了穷人经济学，就懂得了许多真正重要的经济学原理"，从而提出了"穷人经济学"的主张。他的主张在温家宝总理那里引起了强烈共鸣，温总理在多种场合强调，各级党政领导干部要讲穷人经济学。代表大多数人利益的中国共产党执政的国家，经济政策、经济理论必须体现大多数劳动群众的利益，必须研究如何改善劳动群众福利的理论和政策。现在，是打出"穷人经济学"旗帜的时候了。

第二，经济学研究日益数理化、微观化。有心人不难发现，在改革开放早中期，经济学研究的重大突破，大都是当时的经济学家自觉运用马克思主义经济学基本原理和方法，分析中国现实经济问题产生的成果。而后西风东渐，随着西方经济学特别是新古典经济学输入并日益占据主流地位，主流经济学界研究经济问题时，几乎抛弃了马克思主义经济理论及其方法。恰恰是伴随这个过程，"经济学贫困"的症状日益加重。这是纯粹的巧合，还是有内在的必然联系？我看不是巧合。每一种经济学理论或流派，必然是运用特定方法，对特定经济现象的科学解释，是对特定经济条件下经济要素之间关系的合理抽象。因此，不同经济学理论各据擅场，适合于解释和预测某一类经济现象。

中国经济正处于大变革、大转型时期。传统计划经济体制向市场经济体制的转换，在世界上人口最多的发展中国家中建设现代化，这是一篇"宏大叙事"，需要的是穿透历史、观照未来的大视野，是对经济宏观方面的把握以及对经济、政治、历史、文化复杂关系的科学分析，是经济思想的突破和经济学体系框架的重构。马克思主义经济学创立的历史的、逻辑的、由抽象到具体的研究方法，或者用主流经济学的术语说，长期动态分析的研究方法，正是研究中国经济体制改革和经济发展问题所需要的强大理论武器。新古典经济学把制度作为既定前提，研究资源配置问题即提高经济效率的途径，把研究分析的重点集中于局部均衡，把研究国民财富性质和增加的学问，变成了个人财富增加的学说，把政治经济学变成了经济学，经济学实际上又变成了微观经济学。当然，科斯以来，新制度经济学兴起，且影响越来越大，但这不是经济学的主流，与马克思、凡勃伦、罗宾逊夫人等人的制度分析也不是一回事。摒弃见物又见人，重点研究生产、交换、分配过程中人与人之间社会关系的理论和方法，运用新古典经济学理论和方法研究中国经济问题，显然理论与研究对象两者之间是不匹配的，新古典经济学驾驭这样重大的开创性课题是力不从心的，是不能承受之重的，不可能有大的成就。

第三，经济学研究严重脱离经济现实运动。在国务院机关工作的十几年中，我亲身经历和见证了不少经济政策的制定过程。我遗憾地发现，根据经济学家的建议而形成经济决策的情形，实在不多。这不是政府决策中不重视经济学家的意见。每年总理都要召开多次经济专家座谈会问计问策，无奈多数情况下经济学家的意见言不及义，云里雾里，没有太大参考价值。相对而言，那些实际经济工作部门的经济工作者的意见不会那么不着边际，具有较强的可操作性，容易被决策首脑所采纳。这主要是因为，长期以来，中国经济学研究与现实经济生活始终是两张皮。现在只有很少的经济学家愿意到实际经济生活中调查研究，掌握第一手资料，多数从事经济学研究的人，或者研究的问题与现实经济运动完全无关，或者研究现实经济问题时闭门造车，对经济问题的解释与现实情况相去甚远，提出的政策建议没有可行性。我在担任国家社科基金应用经济学学科评审专家时审读的课题标书，大多框架宏大，关于课题研究的重要性及文献评述部分每每长篇大论，而具体对策部分往往草草收场，虎头蛇尾，言之无物，鲜有创见。正如恩格斯在《自然辩证法》一书中"历史导论"部分论述文艺复兴时期的杰出人物时所说，"他们几乎都处在时代运动中，在实际斗争中生活和活动着……因此就有了使他们成为全面的人的那种性格上的丰富和力量……书斋里的学者是例外：他们不是第二流或第三流的人物，就是唯恐烧着自己手指的小心翼翼的庸人。"书斋里出不了一流人物，也出不了大经济学家。

第四，经济学研究陷入了"西方中心论"的泥淖。客观地说，西方主流经济学约束条件严格、体系严整，对成熟市场经济中的经济现象有很强的解释力。但这是对西方市场经济的理论抽象，把它夸大到不适当的程度，拿它去套中国的现实经济运动，就未必管用。现在中国经济学家无论从研究对象、研究方法、评价标准等都对西方主流经济学亦步亦趋，以融入西方主流经济学为目标，以研究成果得到西方经济学家承认、文章在西方刊物上发表为荣。这种言必称西方的学术和价值取向，必然阻碍中国经济学研究的发展。让我们仅就研究对象问题进行一点讨论。问题的重要性，决定了经济研究的重要性，研究对象经济影响力的大小，决定了经济研究的价值。20 世纪 30 年代以来，西方经济学研究的中心从英国转移到了美国，就是因为美国对世界经济的影响力日益超过了英国，因为西方国家经济发展中的问题集中反映在美国经济中。了解经济学发展的人们都知道，按西方经济学家的说法，亚当·斯密创立古典经济学以后的 70 多年中，提供了人们所知道的 70%的经济学知识。经过历代大师不断完善，西方经济学基本概念、基本框架已经成熟。视西方国家的市场经济秩序为经济制度的千年王国，以成熟的市场经济为研究对象的新古典经济学，就像六月的桃子已经熟透了，事实上已经没有多少重要问题可以研究了，失去了自身发展的动力与活力，剩下的只是枝节性、技术性问题了。然而，在西方之外，在东方，尤其在中国，20 世纪后期发生的经济大变革、大变化，至今人们还没有给出科学的、内部逻辑自洽的理论解释，使得 20 世纪后 20 年经济思想大大落后于经济现实。今后改革向何处去，采取什么样的经济发展战略和经济政策，也值得经济学家艰苦探索。这些都是可以产生重大经济理论创新的课题，对这些问题给予科学回答，可以产生大师级的经济学家。中国经济学家得近水楼台之便，却不愿意研究中国经济问题，而一味追随西方经济学家去钻牛角尖，未免浅薄和不智。

第五，经济学研究总体水平江河日下。根据我审读社科基金申报课题标书的情况，断定大部分课题不会产生有价值的成果，国家是在白白浪费钱财。要知道，申报课题的首席专家都是大学或研究机构学术上的领军人物。如同中国足球超级联赛各球队的低水平，决定了中国足球的整体低水平一样（现在在亚洲，中国国家队不仅不是韩国、日本、西亚诸国的对手，连泰国都可以随便戏弄中国国家足球队），从申报国家级社科基金课题的情况，完全可以判断整个经济学研究水平到了哪个档次。目前国内发表的经济学论文和出版的经济学著作，大都没有必要花费时间去阅读。张五常曾经放言，从1969年以来，他不再读他家之作。可见不但中国经济学研究水平不高，国际上经济学研究水平也令人不敢恭维，不知道这能不能给中国经济学家一点安慰。

中国经济学研究的低水平，反映在许多方面。

从选题看，大多数课题是在做重复研究，做出来的成果不过是拾人牙慧。有的人不顾自己实际的学术功力，不愿意先从一个一个具体的问题做起，不愿意先从搜集资料、积累资料做起，而是凭空臆想出纯粹经济学尖端问题，试图实现经济学的新突破。殊不知缺乏西方学术传统、学术氛围和长期训练，也缺乏深厚功底，很难在主流经济学体系内再前进一步。有的经济学研究者不懂科学哲学的基本道理和基本学术规范，不知道既不能证实也不能证伪的问题根本就是伪命题、假问题。比如有的人选题是如何制定和实施正确有效的货币政策，既能保增长，又能稳物价，还能调结构，不知道已经犯了经济学常识性错误，把凯恩斯、弗里德曼这样的货币理论大师从地下请出来，也解决不了我们的经济学家提出的问题。还有人把如何杜绝统计造假作为研究课题。这又是一个伪命题。在"干部造数字，数字出干部"的制度现状下，研究这个问题能有什么结果？

还有一类经济学家，名气很大，其实他做的事情不过是把国外的学术成果介绍到中国来，并没有自己的任何理论见解。在改革开放初期，做一些外国经济学说引进工作，很有必要，功不可没。但长期停留在这个境界，就没有多大意思了。这使我想起了北京大学著名教授王遥先生对一些知识分子的评论。"某些知识分子看起来很博学，说古今、谈中外，其实是'二道贩子'：向外国人贩卖中国货，又向中国人贩卖外国货，贩子而已。"由于西方经济学界的傲慢，一般不关心中国正在发生的事情，不屑了解中国的经济学研究进展，而中国经济学研究近年也确实乏善可陈，我们的一些专家只能做"一道贩子"，向中国人贩卖外国货，连王遥先生说的"二道贩子"都做不成。

再看治学方法和治学态度。有的经济学家不愿意通过到经济生活实际中去验证经济理论，或求解经济问题的答案，而是靠逻辑演绎试图实现理论创新，用数学模型掩盖理论思维能力的贫乏。一些经济学家追名逐利，喜欢参加各种社会活动，以能在电视台露脸为荣，热衷于当企业或社会机构的顾问，不愿做细致深入的研究。申报课题时和研究过程中，自己只是挂名，我阅读的课题标书有些连硕士研究生开题报告的水平都达不到。

这本小册子里主要分析了中国经济学研究中存在的问题，但也应该肯定，近些年经济学研究还是有成绩的。不这样看问题，既不符合实际，也不公道。比如经济学界运用企业理论、产权理论等研究我国国有企业改革问题，提出了建立现代企业制度、完善公司治理结构的改革建议，进一步明确了国有企业改革的方向，直接推动了国有企业改革进程；运用新古典经济学特别是新近兴起的新制度经济学的学术成果，研究政府和市场在资源配置中的作用，使市场取向改革方向更加明确，为中央提出减少政府对经济的干预、发挥市场在资源配置中的根本性作用提供了理论支持，等等。中国历来有"春秋责备贤者"的传统。这本小册子不是对中国经济学研究状况的全面评述，因而没有专门介绍经济学研究取得的进展，而是基于以下基本事实，深入分析其原因，阐述个人看法：与改革开放早中期相比，近一个时期经济发展确实出现了不景气；与经济体制改革和经济发展的要求相比，经济学研究确实跟不上实践的发展和要求；与现实经济生活变化给经济学发展提供的可能相比，中国经济学界确实应该更加有所作为。我始终坚定不移地认为，就经济学这门学科的根本性质来说，经济学理论如果不能解释现实经济运动，不能预测经济运动的发展趋势，不能对解决现实经济问题提出管用的建议和对策，那么它就毫无意义。中国的经济变革和现代化建设要求经济理论的指导，呼唤有用的经济理论，而不需要玄而又玄的空谈和只在小圈子内循环的智力游戏。中国正面临一个经济上的大时代，需要伟大的经济思想来指导，也为经济科学的发展提供了一流素材。我们这一代经济学家应当无愧于改革开放的伟大时代，用经济理论创新，为国家改革开放和建设事业做出应有贡献，并推动经济理论向前发展一大步，在经济学说史上留下中国人的名字。

在现代中国，"同志"、"小姐"等一些好词都被糟蹋了。建国后前30年持续不断的政治运动特别是"文化大革命"，使得"批判"一词也变了味道。谈到批判，就意味着一方正确，一方错误，一方居高临下，对别人口诛笔伐，另一方处于完全被动，没有辩驳的权力。实际上，批判的本义不过是对学术和理论问题的深入讨论、科学求证、平等辩论，如康德的《纯粹理性批判》、马克思的《黑格尔法哲学批判》、郭沫若的《十批判书》等，都是在这个意义上的理论和学术争论。我在书中是在本来意义上使用批判一词的，是作为一个经济研究者参加讨论，所述观点可能是片面的甚至是谬误，已经做好了欣然接受反"批判"的思想准备。科斯曾说过，中国需要思想的市场，在经济学术界引起了比较大的反响。我认为，过去经济理论界只允许有马克思主义经济学一家之言，把西方经济学一概指斥为庸俗的经济理论，不利于经济理论的发展，不利于中国经济问题的研究。那么现在新古典经济学一统天下，排斥马克思主义经济学和其他经济学流派，也是不正常的，同样不利于经济理论发展，影响了对中国经济问题的深入研究。我在书中指出，西方主流经济学体系本身并不完善，基本假设并不是无懈可击，学术基础并不坚实，中国经济学界完全遵从新古典经济学的理论、方法研究中国经济，用西方经济学原理去套中国经济，用西方经济学界的标准评价中国经济学研究，并不符合科学精神。要打破经济学界一种学说、一种思潮、一种声音的局面，提供另一个研究视角。这些年来，我国有分量的经济学研究成果不多，不是经济研究力量不够，不是经济学家没有研究能力、创新能力，而是路数不对。一旦经济学家选对了研究方向，探索出富有成效的研究方法，优秀的研究成果将会不断涌现，从而扭转经济学发展的颓势。众所周知，中国大学开展经济学专业教育已经 30 多年，再加上海外归来大批经济学者，已经形成了一支人数众多的经济研究队伍，其中不乏优秀经济学家。特别是年轻一代经济学家，都经过良好的经济学训练，具有很大潜力。愚者千虑，必有一得。如果我的观点能够引起一些经济学家的注意，在研究对象、研究方法、研究视野、学风、评价标准等方面有所思考，有所调整，对部分经济研究者提供一点帮助，我在本书中所做的工作还是有一定意义的。

还要指出的是，对于中国经济学研究现状，一些有责任感、学术嗅觉敏锐的学者早就觉察到了。有的学者选择了比较委婉的方式提出批评。如林毅夫教授在讨论经济学方法论的专门著作《本体与常无》中指出，研究中国经济问题时，一方面必须坚持经济学的基本假设（对此我并不完全赞同，本书两篇评论就是讨论西方经济学基本假设的），同时强调："由于同一社会在不同的时代，或是同一时代在不同的社会，许多重要的社会、经济约束条件会变动或是不同。因此，不会有放之四海而皆准的理论。""把在发达国家发展出来的理论简单地运用于发展中国家同样会有'淮南为桔、淮北为枳'的命运，搞不好还可能对发展中国家的经济社会造成很大的破坏。"这番话是有很强针对性的。有的学者对主流经济学从概念到概念、从理论到理论的治学方法很不屑，用行动表达了与主流经济学的决裂。如周其仁教授坚持当年在农村发展所工作时学会的方法，经常到农村和工厂实地调查，验证自己的观点，发现和提出新的假说。博学如汪丁丁教授也表示，在北京大学的教授中，很少有人的研究能使他产生大的兴趣，但始终追踪着周其仁教授的研究成果。对他们表现出的学者的良知和科学态度，我深深敬佩。所以起了写作本书的念头，也因为受到了他们启发。

读古人书，我非常赞赏中国古代先贤的执着与勇气。

春秋之世，面对礼崩乐坏的局面，孔子"知其不可而为之"，为"克己复礼"而周游列国，奔走呼号，四处碰壁而愈挫愈勇；战国时代，距离大同世界更远，孟子坚持自己的理想，向世人宣称："虽千万人吾往矣。"在经济学界崇洋、媚洋蔚然成风的大背景下，批判主流经济学研究，也有点白衣胜雪、易水悲歌的意味。我不期望"吾道不孤"。

书中对中国经济学研究现状的思考分析，可能比较浅陋和挂一漏万，希望更多的学者参与这个问题的讨论，以弥补我的分析之不足。书中引用了出版物中其他专家学者的一些观点和资料，都尽可能注明了出处。热诚欢迎读者批评指正。

壹
"富人经济学"批判

一个时期以来，中国经济学研究中的精英化倾向引人注目。一些经济学家以居高临下的态度，漠视普通大众利益，倾向富人和权贵利益，为有钱有势阶层的利益代言。这种经济学观点，有的以价值中立和科学客观的面貌出现，有的则毫不隐晦，公然为富欺贫、强凌弱张目。对这种富人经济学的批判不时见于报端或网络等新媒体，态度过激的甚至指斥有些经济学家是中国权贵和既得利益阶层的代言人，是有钱人的鹰犬。这些批评是客观事实，还是无中生有、夸大其词？依我看，白纸黑字，从中国经济学研究主流看，这种经济理论的确是十足的富人经济学。

一、从新古典经济学到富人经济学

（一）富人经济学的第一个特征是，在理论层面声称要保持经济分析的中立性，否认研究经济问题要有价值判断

在当今中国经济学界，除了极少数人，大多数经济学家并不承认他们的经济理论是为富人说话、为富人服务的"富人经济学"。相反，他们一般都把经济学定义为在制度既定前提下，研究如何使经济效率提升的学问，即通过资源优化配置，实现"帕累托改进"；如何通过市场竞争，实现市场均衡，从而告诉生产者如何生产，消费者如何消费。

这样，就抽调了经济学研究的价值判断，似乎使得经济学成为完全中立，不带任何社会偏见的科学。他们还特别强调经济学的科学精神，声称经济学观点不应代表任何人的利益，反对用阶级分析的观点看待经济问题。比如，有的经济学家接受采访时说，认为学术总是有阶级性的，什么阶级说什么话，一种思想一定代表某个特定的阶级，这种带有强烈意识形态色彩的多元逻辑，否定普世价值，本身就是一种流毒，一种不符合科学精神的认识。不缜密、不科学的阶级化其实是否定科学本身。

鲁迅先生说，知史，看现在洞若观火。2007年3月，上海财经大学出版社出版了美国犹他州大学经济学教授 E.K.亨特的著作《经济思想史———一种批判性的视角（第二版）》，对100多年来的经济思想史进行了梳理，引用了不少经济学家的言论，使我们清晰地了解到经济学研究非道德、非伦理、非意识形态化观点的发展及来历。让我们循着亨特的研究线索，追溯一下关于经济学中立性的思想源流和发展。

在资本主义制度血气方刚、蓬勃生长的年代，作为新兴资产阶级利益的代言人，古典经济学家的经济理论都带有鲜明的价值和意识形态取向。从重商主义、重农主义到古典经济学的建立者亚当·斯密、大卫·李嘉图，包括后来经济学观点备受诟病的马尔萨斯等，都是如此。这是那几代经济学家的统一风范和品行。

亚当·斯密生活在工业革命蓬勃兴起之际。他提出了劳动价值论的思想，认为利润来自于生产性劳动。在这种认识指导下，他以一种比较实际的态度描述了资本主义社会中的分配与福利状况，以及阶级分化、阶级对立和冲突，对资本家进行了一定程度的批判。他承认将财产权赋予某些人，是使他们获得了不劳而获的权利，政府对财产的保护主要是为保护富人来抵制贫者，劳资双方的利害关系绝对不一致，双方之间存在着不平等的斗争。

大卫·李嘉图发展了劳动价值论，进一步分析了资本主义的分配关系，以及资本家、土地所有者和工人阶级之间的对立和冲突。当然，他认为资本家、地主和工人各自得到了应该获得的收入，是为资本和土地所有者辩护的。他还看到了各阶级之间的贸易关系中，存在一方完全得到利益，另一方完全受损害的现象，以及在宗主国和殖民地的贸易中，宗主国的强制限制，往往使贸易有利于宗主国而不利于殖民地的现象。

马克思主义经济学明确无误地宣称代表无产阶级的利益，坚持现实批判性价值判断。指出政治经济学"能代表的只是这样一个阶级，这个阶级的历史使命是推翻资本主义生产方式和最后消灭这个阶级。这个阶级就是无产阶级"。马克思吸收古典经济学的科学成分，进一步发展了劳动价值论，把价值创造归功于劳动者的劳动，并从劳动价值论出发，揭示了剩余价值的来源和资本家剥削工人的秘密，分析了资本主义社会的对抗性矛盾，指出资本主义生产和分配关系的不合理。他依据经济发展的客观规律，并从人道主义角度出发，得出了资本主义必然灭亡的历史结论。新古典经济学的集大成者阿尔弗雷德·马歇尔虽然不同意马克思的社会主义思想，但他仍然指出，马克思对弱者的同情，永远会博得我们的敬意。

在经济学说史上，第一个明确主张经济学中立性的，是英国经济学家拿骚·西尼尔（1790—1864）。面对激烈的劳资冲突和社会主义思想的传播，西尼尔宣称要建立非价值、非道德、非意识形态取向的政治经济学，并将其确立为经济学的重要规范，成为以后经济学研究非伦理化、中立化思潮的源流。西尼尔认为，伦理学的阐述不属于科学范畴内的证明或反证明。只要它们是经济学理论的构成部分，科学进步就永远也不能使经济学家达成一致。如果政治经济学要成为一门科学，那么首要任务就是要消除掉一切蕴涵于其中的不科学、伦理学的命题。这样，政治经济学将成为一门非价值取向的、中立的科学。这门纯科学所讨论的主题"不是福利，而是财富"。几乎在同一时期，法国人弗雷德里克·巴斯夏在《和谐经济论》中，也标榜自己经济学理论的中立性、客观性，主张科学的权威性，并进一步用宗教的权威来表明经济学的普世价值。

西尼尔和巴斯夏关于经济学中立性、客观性的主张在西方经济学中尽管有很大影响，但此后很长的时间内，一些有代表性的经济学家仍然在经济学分析中包含了价值分析的内容。马歇尔的经济理论体系包含了分配和福利的内容，承认经济学理论总是反映某种特定的利益。罗宾逊夫人曾指出，马歇尔敏锐地意识到，"自由贸易学说本身，实际上就是一份英国国家利益的规划书"。他实地考察了工人的生存状况，在理论分析中吸取了某些道德和社会哲学原理，对穷人的生存状态表达了伦理方面的关注。他表示，经济学和经济学家要讲伦理，要关心财富分配，要抵制不利于穷人的不义之举，要同情穷人。经济学和经济学家在价值取向上不能一边倒，要向穷人偏一偏，体现了一定的道德精神。新古典综合派代表人物保罗·萨缪尔森也在一定程度上承认劳资矛盾和贫困问题的严重性，并将分配、福利、道德等问题纳入了经济学的分析体系。

　　20 世纪 70 年代以后，由于主要资本主义国家深受经济滞胀困扰，凯恩斯主义经济理论和政策主张的有效性遭到了批评和质疑，以奥地利学派和芝加哥学派为代表的新自由主义经济学影响力迅速扩大。他们主张完全自由化、市场化、私有化，并打着公允、客观、科学的旗号，推销他们的学术与政策主张，使经济学去价值化、去伦理化成为主流思潮。这两个学派宣称，他们的经济理论是纯粹的、价值中立的、不包含任何规范性判断的科学。弗里德曼曾表示，从原则上讲，经济学中是没有价值判断的。理查德·麦肯齐和戈登·塔洛克明确宣称，"经济学家所采用的方法应该是非道德性的，经济学考虑的不是应该是什么，而是了解人们为什么这样做"，说他们的经济分析尽可能"完全摒弃我们个人的价值判断"。罗宾斯在《经济科学的性质和意义》中给经济学下定义时也断言，目的和手段的关系排除了价值判断存在的空间，并且认为，"价值判断超出了实证科学的范围"。

20世纪80年代，中国开始引进介绍西方经济学，以后新古典经济学逐步占据了主流地位。一些经济学家盲目追随西方主流经济学，重复经济学中立性论调，经济学研究应当去价值化、去道德化、去意识形态化的声音，主导了经济学界话语权，所谓纯粹、中立的经济学研究成为主流。一些经济学家只关注效率，不关心公平，主张公平应该服从效率，甚至主张为了效率可以牺牲公平；主张发展可以解决一切问题，不关心分配制度和结构是否合理。在穆勒、马歇尔、萨缪尔森等西方经济学家那里还存在的基本的人道主义精神、道德水准和较为求实的学术精神，在今天的中国经济学界已经荡然无存了。

经济学真的"无德"、"无性"吗？经济学是社会科学。社会科学与自然科学不同，它反映不同社会集团、不同社会阶层的利益，不可能脱离不同阶级、不同社会阶层对于历史、价值、制度的不同观点。政治经济学的研究对象，决定了在研究中恪守中立非常困难甚至不可能。经济学说史上，没有哪一种经济理论没有自己的价值取向。对此，经济学说史上那些大师级的人物都有清晰的认识和精辟的论述。马克思指出："不管个人在主观上怎样超脱各种关系，他在社会意义上总是这些关系的产物。"对经济学离不开价值判断和研究者立场，罗宾逊夫人有着一针见血的见解。她指出，经济学绝不可能是一门完全纯粹的科学，而不掺杂人的价值标准。对经济问题进行观察的道德和政治观点，往往同所提出的问题甚至所使用的方法，那么不可分割地交缠在一起。"重商主义是海外贸易商的拥护者；重农主义者维护地主的利益；斯密和李嘉图相信资本家（他们投资获得的利润，会再投入生产过程，用于扩大生产）；马克思把他们的观点倒过来为工人辩护；现在，马歇尔站出来充当食利者的战士。" 1975 年诺贝尔经济学奖获得者库普斯曼认为，任何经济理论都表现为"价值判断＋形式逻辑"的形态，并且任何一种经济理论体系，都是从价值判断出发，从某一特定的视角出发对客观存在的经济现象的解释与评价。

经济学作为社会科学，事实上脱离不了意识形态，脱离不了价值观。西方经济学宣扬市场制度万能、宣扬私有制永存，本身不是一种意识形态吗？主张经济学研究中取消道德与伦理因素，本身不也是一种价值取向吗？宣称经济学研究是纯粹中立的、客观的，要么是自欺欺人，要么背后掩藏着不可与外人言说的私利考量。

正如有的坚持经济学研究中立性、纯科学性的经济学家所说，有时新的观点并不一定就代表知识进步，它有可能是一种倒退。通过对经济思想史的回顾，可以发现，我国一些经济学家强调的经济学研究要超越价值判断、要保持中立的观点由来已久，不过是拾人牙慧。这种观点背后隐藏的真实意图，也早已被历代经济学家明白点破，并被多数经济学家所摒弃，它确实"不是知识的进步"，而是思想的倒退。

（二）富人经济学的第二个特征，就是在经济政策层面撕去了温情脉脉的面纱，一点也不中立，完全充当了富人利益的代言人

西尼尔不遗余力地反对社会主义思想，十分痛恨社会主义平等观，认为消除不平等是完全错误的，"公平只会带来极度的痛苦"，是"穷人经济学"。他积极参与政策制定，作为经济济贫法调查委员会的成员，主笔完成了制定新济贫法的报告，提出了如下建议："1.不论工作环境和工资状况如何，工人都必须接受市场提供的任何工作；2.任何不去工作或者找不到工作的人，只给他不必忍受饥饿的救济；3.救济不应高于市场中的最低工资，应使他的状况变得十分痛苦，从而促使有动力去寻找工作而不必计较工作环境和工资。"对西尼尔的济贫法，一位当代经济学家和社会历史学家评价说："与其说这是一个物质解决方案，不如说这是一个压迫的和退化的机制。这比1834年前的济贫法有更多的非人待遇，并比最低外部工资制度更加不合理。"

货币主义领袖、新自由主义经济学的领军人物弗里德曼，也力主经济学研究的中立性和纯科学性，但他在《资本主义与自由》中提出的政策建议，给了资本家无限的自由，给劳动者准备的却是"地狱"，今天看来简直骇人听闻。他建议下述法律和政策都应该废除：1.公司税；2.累进税；3.免费的公共教育；4.社会保障；5.政府对于食品药品

的安全管制；6.医生的认证资格；7.邮政行业的寡头垄断；8.政府对自然灾害的救助；9.最低工资法；10.高利贷发放收取利息的上限；11.禁止贩卖海洛因的法律。同时，他主张废除了实施产权法、契约法以及提供国防之外的所有政府干预。弗里德曼经济政策的目标，就是保证给资本家最大的自由，最大限度地限制政府的作用，自由贸易，降低工资，消除福利制度。如果了解弗里德曼底细的人还会想起，20世纪70年代，他和他的学生曾经给依靠政变上台，杀人如麻、双手沾满鲜血的智利皮诺切特军政权充当智囊，出谋划策。只可惜，在他们策划下，智利经济弄得一团糟。后来他们又想为巴西军政府服务，被那里的将军们礼貌地拒绝了。

在20世纪80—90年代，新自由主义经济政策主张一度影响了英国和美国经济决策。在英国保守党执政期间，实行了新自由主义的政策主张，结果造成了英国贫富差距扩大，血汗工厂遍地开花，国家竞争力也在下降，保守党黯然下台。在美国共和党执政时，把弗里德曼视为重要策士，部分实施了新自由主义的经济政策，与英国一样，造成两极分化进一步加剧，基尼系数达到4.69，中产阶级变成了新的贫困阶级，雇员阶层实际收入水平和福利待遇下降，国内民怨沸腾，成为共和党失去权柄的重要原因。（以上可参见夏小林《历史上的富人经济学与穷人经济学》2007）

回过头来看国内，一旦落实到经济政策层面，一些经济学家主张的经济理论的中立性便无影无踪了。他们提出的经济政策主张，公开表示了对普通劳动群众的歧视及对他们利益的极大漠视，为扩大富人利益出谋划策。如提出公平应该服从效率的提高；主张发展可以解决一切问题，经济发展起来了，蛋糕做大了，通过漏出效应，分配问题自然就会得到解决（这不过重复了库兹涅茨收入不平等情况变化 U 型曲线表明的观点。法国经济学家托马斯·皮凯蒂在新近出版的《21 世纪资本论》一书中，研究了二战以来收入差距变化情况，发现随着二战以后经济发展水平大幅提高，收入差距非但没有缩小，反而继续快速扩大，推翻了库兹涅茨的假说）；反对提高工人工资和福利水平，公开指责新的劳动合同法不利于提高企业竞争力，甚至有人主张取消社会保障；在企业老板与工人关系方面，主张企业剩余索取权归属于资本所有者，劳动者只能听从资本所有者使唤（20 世纪 80—90 年代，一些经济学家提出并产生了较大影响的企业利益相关者理论，已经指出了这种理论的严重缺陷，强调只有兼顾企业内部资本所有者、管理者、劳动者利益以及企业外部供货商、销售商、社会大众等各方面利益，企业才能持续发展。企业的企业家理论遇到了理论上的严重挑战）；主张由工人承担企业改革的代价，通过使几千万工人下岗失业提高国有企业的效率和竞争力；主张国有企业私有化，提出"烂苹果"理论、"靓女先嫁"理论、"冰棍"理论等，督促政府抓紧低价甩卖国有资产，使资产加快向少数人手中集中；提出腐败特赦论，即在时间上划一条线，比如对党的十八大以前的腐败犯罪行为一笔勾销，只对以后犯下的罪行予以惩处，如此等等。

二、从富人经济学到劫贫济富

一切历史，归根结底都是思想的历史。诺贝尔经济学奖获得者、芝加哥大学教授舒尔茨在研究近 300 年西方各国社会思潮演变时发现，"主流社会思潮塑造社会的制度化秩序"，"并且，业已建立的制度失灵反过来会改变社会思潮"。

20 世纪 90 年代以后，西方经济学、主要是新古典经济学在中国经济学研究中影响不断扩大，一些经济学家声称经济学中立性、而在经济政策上明显向富人倾斜的"富人经济学"，也成了主流社会经济思潮，不可避免地影响了国家经济政策，"塑造"了不合理的社会经济秩序，形成了一系列有利于富人，而不利于广大劳动群众的"富人经济"。有的人提法更尖锐，说这些政策和做法是"劫贫济富"的经济。本小节只分析几个重要方面的经济政策和制度秩序。

第一，在发展压倒一切，发展可以解决一切问题的思想主导下，强调效率优先，兼顾公平，实际执行结果是只要效率，不要公平，在发展观方面偏离了广大劳动群众的利益，走了一条不利于穷人利益发展的道路。一方面，为了提高企业效率和竞争力，人为压低劳动者工资水平，使工资上涨速度远远低于经济增长速度和财政增长速度。在

20世纪90年代到21世纪初的十几年时间内，在经济高速发展的同时，农民工工资几乎没有任何提高。在物价持续上涨的情况下，劳动者实际工资水平和生活水平是下降的，用牺牲劳动者利益为代价，保证了企业利润持续增加以及企业产品在国内外市场上的竞争力。同时，国家用行政手段控制土地、能源、原材料等要素价格，使企业要素利用价格远远低于实际市场价格，保证了企业低成本、高利润，实际上把广大劳动者的一部分利益变成了少数企业家的利益。如果实行要素价格由市场决定，则国家可以集中一笔数额巨大的收入，用来提高工人工资收入，建立水平较高的社会保障制度，使人民生活水平和福利水平大大提高。

另一方面，长期以来把经济增长等同于发展，一味追求经济增长速度和经济规模扩大，忽视了社会事业、公共服务发展，人民群众看病难、看病贵，老百姓孩子上学难、上学贵等问题长期得不到解决。用温家宝总理的话说，就是造成了经济发展和社会事业发展"一条腿长、一条腿短"。这种现象背后的真相，是本应该由国家和政府解决的问题却无力解决，是穷人的利益和权益得不到保障，而富人手中有的是钱，可以享受最好的医疗服务，孩子可以上最好的学校。尤其是这种教育上的不平等，使普通劳动者的孩子在起点上就已经输掉了竞争，堵塞了社会底层群众向上的通道，导致社会阶层地位的固化。这对于一个社会是很危险的。第三个方面是由于资源价格被人为压低、环境污染和破坏不计入成本，地方政府和企业不顾资源环境承载力，追求经济高速增长和企业生产规模扩大，结果许多自然资源迅速减少甚至枯竭，空气、水严重污染，环境遭到严重破坏，自然灾害频频发生。现在污染已经进入到食物链、生态链系统，人民群众生命与健康安全都受到了严重威胁。这实际上也是劫贫济富：资源迅速消耗和枯竭，断了老百姓子孙后代的生路，而富人赚到的钱几辈子也花不完，用不尽，不用为自己和后代的生计操心；由于企业成本不完整，本来应该用来保护和治理环境的钱变成了富人的收入，穷人必须承受环境污染破坏的后果，而富人有足够的财力选择山清水秀之处生活，或者干脆移民到国外去了，中国环境污染与否，与他们没有多大关系。

在效率优先于公平原则指导下造成的严重后果，引起了全社会强烈反应，也终于引起了决策者的重视。新世纪伊始，一场突如其来的"非典"疫情触发了全社会对以往发展模式的反思，中国政府正在努力纠正发展观、发展模式方面的偏差，提出了科学发展观，更加重视劳动者收入水平和保障水平提高，使广大劳动群众共享改革发展成果；更加重视资源节约利用和环境保护治理，走可持续发展道路。这一切，使富人经济学的市场逐渐缩小。

第二，大规模农村"圈地运动"和城市拆迁运动，推动了农民和城市居民利益向有钱人的输送。中国持续二十几年的农村"圈地运动"，使数量巨大的农民失去土地，失去生存手段，变成无业游民进入城市。据有关材料透漏，近十年来，每年由于农村圈地产生了 260 万失地农民。在

"圈地运动"中，无权无势的农民群众得不到应有的补偿，一些地方土地补偿费少得可怜，有的地方甚至只给农民打一张白条，土地基本上零转让，而由外商、企业主、开发商、地方政府结成的圈地同盟，却因此发了大财。早在21世纪初，陈锡文就算了一笔账：新中国建立后的前30年，通过工农业产品价格剪刀差，农民损失了大约6000多亿元；后二十几年，通过征地，农民被剥夺的金额大概是6万亿元左右。从20世纪90年代开始，此起彼伏的城市拆迁，是对城市居民的巧取豪夺，是富人的盛宴。我清楚地记得，鉴于城镇拆迁不规范、补偿费过低的状况，前些年国务院决定修订城镇土地拆迁补偿条例，明确规定一亩土地拆迁补偿费不得低于20万元，而开发商一转手，每亩地可以卖到几百万元。即使这样，新的补偿条例出台还是遇到了很大阻力，遭到了来自一些方面的反对和抵制，其中一些经济学家充当了急先锋。

第三，国有企业改革成了少数人的发财盛宴，普通工人为改革承担代价。20世纪90年代末、21世纪初国有企业改革中，富人和普通工人的境遇不啻天壤之别。由于国有企业体制机制上存在的问题，20世纪90年代中后期，大批国有企业出现了亏损和生产经营严重困难的局面。加快国有企业改革，采取强有力的措施使国有企业脱困，确实是箭在弦上，不得不发。否则，难过当年那一关。当时党中央、国务院确定了"抓大放小"的国有企业改革方针，并制定实施国有企业改革脱困三条措施，称为三个"杀手铜"。今天再回顾那段历史，中央的决策是正确的，也取得了很好的效果。但也必须承认，由于受当时掌握主流话语权的经济学家的影响，改革中的一些具体做法，也是可以研究的。首先，按照当时一些经济学家的理论，国有企业晚卖不如早卖，各地掀起了大规模快卖、贱卖、甩卖国有企业的风潮，国有资产既没有经过价值评估、也没有经过公开竞价，一夜之间几十年积累起来的国有企业资产就变了主人，有的国有企业甚至零价格变成了私人企业，这无疑是对全体老百姓的巧取豪夺，连俄罗斯私有化过程中形式上、程序上的公平性也看不见。其次，在大型国有企业改革中，有的经济学家提出，为了使国有企业走出困境和转换经营机制，要有人承担改革代价，甚至不惜牺牲一代人的利益。于是，在20世纪90年代末和21世纪初的几年内，3000多万工人成了下岗待业人员，有的进入企业再就业中心领取基本生活费，有的被解除劳动合同成为社会无业人员。这些下岗失业工人大都是"4050人员"，即年龄40岁的女工和50岁的男工人，技术技能已经定型，很难再学习掌握新技术、新技能，在新的岗位就业。同时，当时解除劳动合同关系的补偿费用，低的地方7000—8000元，高一点的地方也不过12000—15000元。这一阶段的国有企业改革，一方面造成了成千上万的百万、千万富翁，另一方面造成了成千上万的失业人员。这是富人经济学在实践上的一大杰作，令西方经济学家羡慕不已。

对富人经济学影响下的改革造成的问题，在高层很快有人警觉起来。21世纪初人大常委会的一份研究报告指出，当前，一些企业侵犯职工合法权益现象比较严重，很多用工单位不与职工签订用工合同，一些企业随意解除劳动合同，随意裁员，一些国有企业改制为非国有企业的方案不经过职工代表大会审议，不按规定发放解除劳动合同经济补偿金。一些下岗职工也通过上访、静坐、围堵政府办公场所等渠道反映了自己的抗议和不满。很快，国务院针对这些问题发布了一系列文件，要求国有企业改制方案必须经过职工代表大会审议，必须按规定发放解除劳动合同补偿金，国有企业资产出售必须经过产权市场交易，公开竞价成交等，使国有企业改革这场富人的盛宴宣告结束，富人经济学在国有企业改革中的影响力逐渐衰减。

第四，在垄断性质的市场结构下放开一些公共事业和公共产品价格，教育、医疗等领域改革成了普通劳动者的噩梦。在全面市场化、私有化、自由化思潮影响下，中国实行了事实上的教育产业化，推进了医疗制度改革。本来，在教育、医疗等公共事业和公共服务领域放开市场、展开竞争，有利于改善服务，提高效率，对老百姓是有利的。问题在于，我国教育、医疗领域还带有垄断性质，供给远远不能满足需求，特别是优质教育资源、医疗资源严重不足的情况下，在不充分开放市场前提下放开教育、医疗价格，一方面抬高了服务价格，把老百姓本来就不饱满的钱包掏空了；另一方面，在教育产业化、医疗商业化的情况下，按照谁出价最高谁获得服务的原则，普通劳动者不能享受优质医疗服务，子女不能进入重点学校读书，形成了新的不平等。更为严重的是，不少城镇家庭特别是农村家庭因病贫困、因病返贫，也有不少家庭因为子女上学搞得倾家荡产。当然，也有的家庭无钱看病，只好等死，有的家庭没钱，只好让孩子失学，或者考上大学也只有放弃。这样，将会出现印度电影《流浪者》中的现象，"法官的儿子永远是法官，贼的儿子永远是贼"——"坏的市场经济制度"中发生的问题将在社会主义中国出现，这是我们不能容忍的。好在中央已经发现了这样改革带来的问题，一段时间以来一直在采取各种措施，努力对现行体制和政策进行改革完善。

第五，国民收入分配不利于增进劳动者利益。在社会主义市场经济条件下，实行按要素分配，有利于发挥各种要素的作用，促进技术创新，鼓励资本投入生产过程。但是这里还是存在如何评价各种要素在财富创造中的作用，如何分配的问题，从而决定着我们的分配政策。如果坚持马克思主义经济学的劳动价值论，那么真正创造价值的是劳动，在收入分配中就应该充分保证劳动者的利益。一些经济学家承继了李嘉图分配理论中的庸俗成分，特别是秉承克拉克的"边际生产力"理论，认为劳动、资本、土地在价值创造中的作用是一样的，劳动得到了工资、资本获得了利润、土地获得了地租，各自得到了自己的价值，从而否认劳动在财富创造中发挥着更关键的作用。有的经济学家更进一步，极力贬低劳动的作用，强调资本的作用，主张分配上向资本所有者倾斜。在这些思想影响下，长期以来我国收入分配中，劳动者工资收入增长速度落后于利润和财政收入增长速度，工资性收入在国民收入中占比不断下降，资本收入和财政收入所占比重不断上升。30多年来，我国经济增长速度平均保持在10%左右，财政收入许多年份增长速度在20%，而居民收入增长速度很少年份超过10%。目前，我国工资性收入在国民收入中所占比重只有40%多，比世界上大多数国家都低得多，这在一个社会主义国家不能说是很正常的现象。由于劳动对资本在收入分配中的不利地位，中国成为贫富差距居于世界前列的国家。目前，中国是富豪数量仅次于美国的国家，表示收入分配状况的基尼系数已经超过了美国。还需要指出的是，在大多数年份，我国财政收入高速增长，许多年份还实现了大幅度超收，财政集中了越来越多的国民收入。但由于缺乏透明性、公开性和有效监督，财政支出过程中使用效益和效率很低，各种浪费现象触目惊心。一些地方政府利用财政收入造新城、建大广场、办公楼、各种楼堂馆所等形象工程，就连国家每年拨付的教育、科技、文化产业发展等财政资金，如果进行深入、全面的调查，其中的浪费和低效现象也会让人大吃一惊。

中国几千年的经验证明，过于热衷聚财，不是好政府的标志。刘向在《说苑》中告诫后人，"王国富民，霸国富士，仅存之国富大夫，将亡之国富府库"。今天，我们不应该从中得到一些启发吗？

三、从富人经济学到穷人经济学

美国经济学家、1979年诺贝尔经济学奖获得者舒尔茨在获奖演说中指出："世界上大多数人是贫穷的，所以如果我们懂得了穷人经济学，就懂得了许多真正重要的经济学原理。"当年温家宝任总理时，想给穷人多办一点事情，比如取消农业税、实行农村免费义务教育等等。大概舒尔茨穷人经济学的观点与他的施政理念发生了契合，他在许多场合都讲到，各级党政领导干部要懂得一点穷人经济学。这种场景至今我历历在目。

一个在党章中承诺要为绝大多数人谋利益的执政党，领导人也强调各级党政领导要学一点穷人经济学，这固然有令人欣慰的一面，也令人百感交集，太息良久。这是不是意味着富人经济学流行太久，而穷人经济学被忘却太久了？现在，是竖起穷人经济学旗帜的时候了。

经济学或政治经济学是研究财富性质和增长原因的科学，也就是研究人们经济利益增进的学问。这就必然涉及更关注哪个集团或阶层的利益的问题，在经济学研究中就有一个立场问题、价值判断问题，不存在什么中立性、纯客观。亚当·斯密主张发挥市场自发调节作用，是站在工业资本立场上发言的；大卫·李嘉图主张自由贸易，是因为当时英国工业产品在国际竞争中具有绝对优势；马克思的劳动价值论和剩余价值学说是站在工人阶级立场上，探讨彻底改善工人阶级处境的途径；新自由主义经济学主张完全的私有化、市场化、自由化，是为了推行新帝国主义经济战略，按照美国的全球利益塑造其他国家的经济制度和新的国际经济秩序。不过，一门学科只考虑富人利益，毕竟有违人道主义精神，这就是西方经济学家与国内一些经济学家实际上在为富人说话，却又要大力宣扬宣称经济学的中立性、纯客观性的真实原因。中国经济学家研究探索如何使大多数人变得越来越富裕，使13亿人口共同走向现代化，为什么要犹抱琵琶半遮面，欲说还休呢？

在当今经济学界，仍有人坚持穷人经济学研究。印度经济学家阿马蒂亚·森致力于在经济学中"重建伦理层面"取得突出进展，长期研究解决第三世界国家贫穷落后问题，破例获得了诺贝尔经济学奖，在世界银行等国际研究机构中的影响不断扩大。受他的经济理论影响，在他的祖国印度，一些人士办起了穷人银行，专门帮助穷人创业脱贫，发挥了重要作用。这说明，研究穷人经济学可以取得经济理论创新突破，赢得经济学术界和社会的尊重。

同样是西方国家，由于价值观和经济学说方面存在的差别，在处理富人和穷人利益关系方面也有一定差别，并体现为法律和具体经济政策上的区别。比如，德国长期以来把保持物价基本稳定作为国家的基本经济政策之一，并成为中央银行的基本职能，这样就保证了普通民众的生活基本稳定。德国的私有园林必须向公众开放，不像美国一味保护私有财产权，业主有权向进入私人产业的人开枪。在遇到经济危机时，德国和日本的企业高管被要求降薪，尽量维持员工职位；而在美国，政府和企业同时裁员，以保护股东的利润和政治家的政绩。历史、文化不同，法律和经济制度安排不同，德国的社会矛盾就少得多，而维护大财团、大企业主利益的美国，各种社会矛盾就复杂和尖锐得多。

穷人经济学研究的核心问题是解决为谁发展、如何发展的问题，使劳动大众共享改革发展成果。在任何国家，发展都不是目的，发展的结果都要落在谁更多地享受发展成果这一不可回避的问题上来。决不能以牺牲广大劳动群众利益为代价谋求发展，这样结果就是损害了大多数利益而富了少数人。不能以提高效率为由，不顾广大劳动者利益。其实效率问题看似中性、中立，也有一个效率为谁的问题。以压低工资、土地、能源、原材料价格，实行低水平社会保障政策，以保证高效率，既伤害了社会公平，同时最终也会影响效率。一方面，人毕竟是生产要素中最积极、最活跃的因素，伤害了劳动者积极性，必然导致效率降低；另一方面，社会财富过于集中，劳动者收入不能合理增长，将造成最终消费不足，从而造成社会需求不足，经济持续发展将失去动力。

研究穷人经济学，就不能不研究分配问题。

研究分配问题，不能就分配论分配。正如马克思所说，分配关系不过是生产关系的反面。说到底，分配关系是由生产关系决定的，即由财产所有关系决定的。我们说要在中国形成"橄榄型"社会，也就是中等收入阶层占多数的社会结构，仅靠分配政策是难以达成的，需要鼓励支持更多的人去创业，使更多的中小企业发展起来。为此，需要制定和实施更有利于创业的法律和政策制度，比如，放开准入，减少审批，使开办企业更加便利；对中小企业减税、免税，年利润10万元以下的小企业完全免收企业所得税；开办更多为中小企业服务的金融机构，使其性质和功能类似于印度的"穷人银行"，对这些中小金融机构实行低税率政策，既使中小企业能方便地得到贷款、能够以较低利率得到贷款，也使这些中小金融机构可以维持经营、生存下去，而不是像目前的情况这样，越是小企业贷款利率越高，越难得到贷款支持。

当然，在分配领域，包括初次分配、再分配领域也有很多问题需要研究。比如可以参考西方一些国家的做法，对工资性收入不征或少征所得税，对财产性收入征收较高税额，开征遗产税、房产税等财产税种；在初次分配领域提高劳动收入比重，尽快达到发达国家工资收入在国民收入中所占比重；把财政收入中更大比重用来投入社会保障事业，提高养老、医疗保障待遇。现在，有的学者提出，把巨额国有资产的一部分或变现、或划转，用来补充社会保障基金，提高社会保障水平，这些都是可以进一步研究探讨的。

贰
"西方中心论"批判

改革开放以后，尤其是 20 世纪 80、90 年代，中国经济学的研究实现了许多重大突破，为推动改革、促进发展提供了重要理论依据，做出了重要贡献，一度出现了经济学的繁荣，经济学也成为了"显学"。然而，近来一段时间，中国经济学研究没有多少突出的理论创新成果，与中国改革发展实践也渐行渐远，出现了经济学的萧条。虽然由于种种原因，我从大学经济学系毕业后，一直没有机会从事专门的经济学理论研究工作，但对经济学理论及其发展状况一直高度关注。所以，造成经济学研究不景气状况的原因是什么？成为一段时间以来我不断思考的一个问题。

近读金观涛、刘青峰《开放中的变迁——再论中国社会超稳定结构》一书，其中引述西方学者的一个观点引起了我的注意。书中写到，据美国学者柯文分析，20 世纪 70 年代后，西方对中国近现代史的三种解释，即"冲击回应说"、"传统现代说"、"帝国主义说"纷纷受到挑战。它们都犯了一个共同错误，这就是"西方中心论"。比如"冲击回应说"把中国近现代所有重大事件均看成对西方冲击的回应，严重忽略了中国社会变迁的内部动力，越是靠近现代，这种历史观越缺乏说服力。这一理论的代表人物费正清在晚年已经意识到了这个问题。柯文在检讨上述观点的缺陷后，呼吁历史学家以中国社会本身为中心来研究中国近现代史，他称为"中国中心论"（金观涛、刘青峰，2011）。西方历史学界对中国近现代史研究中的"西方中心论"的检讨，给予我很大启发。回顾改革开放以来中国经济学发展历程，可以发现，20世纪90年代以来，西方经济学主要是新古典经济学逐步占据主流地位，国内经济学界言必称西方成为潮流，从研究内容，到研究方法、研究成果评价标准，均以西方经济学为圭臬。也正是从那时以来，出现了"经济学的贫困"。通过深入分析，我们能够看到，这两个现象不是在时间上的偶然巧合，而是有着必然的联系。如同从"西方中心论"出发不能科学分析中国近现代史一样，我以为，造成经济学不景气的一个重要原因，是中国经济学研究陷入了"西方中心论"的泥淖。要实现中国经济学的更大繁荣，更好地为现代化建设实践服务，必须要从"西方中心论"的谬误中走出来。

一、在研究问题选择上要打破"西方中心论"

以1776年亚当·斯密《国富论》出版为标志，西方经济学诞生200多年来，前辈经济学大师几乎对西方经济学领域内所有重大问题都已经进行了探讨。白宫经济政策主任、哈佛大学经济学教授托德·布赫霍尔茨曾指出，在75年的时间里，《国富论》提供了经济学家所知道的大部分知识。此后的经济学家基本上是在亚当·斯密的经济学框架内进行发展完善。随着经济学的边际革命、凯恩斯革命以及垄断竞争等理论的提出，经济学的基本概念、基本理论、基本框架已经形成，主流经济学的确已经走向"成熟"。西方经济学以发达的市场经济为研究对象，同时排斥马克思主义经济学的长期动态分析和历史唯物主义分析，认定资本主义经济制度是经济制度的"千年王国"，决定了西方经济学没有多少重要问题值得研究了。回顾近几十年西方经济学的研究状况，可以看出：一方面，西方经济学研究的多是一些枝节性、技术性问题，经济学家在越来越狭窄的领域皓首穷经，力求取得一点突破。正因为如此，近年来诺贝尔经济学奖的评选结果公布后，很快就会被学术界所遗忘。另一方面，一些经济学家运用经济学分析工具研究经济学领域以外的问题，如家庭、婚姻、犯罪、政治制度等，出现了所谓经济学的"帝国主义"。从乐观的角度看，这显示了经济学分析方法的强大力量；从悲观的角度看，说明传统意义上的经济学已经走上穷途末路。比如，最近耶鲁大学心理学教授劳里·桑托斯与一些经济学家合作，开展了对猴子消费行为的研究，证明猴子也是自私和好色的。这种研究也许有一定科学意义，但是这还是我们所知道的经济学吗？

然而，在西方经济学的框架内没有问题研究，并不等于在现实生活中真的没有问题值得研究了。把视线转向发展中国家，转向东方特别是中国，许多已经发生的重要经济现象在等待经济学家做出科学的解释，不少尚未解决的重大经济问题需要经济学家给出可行的建议。金观涛、刘青峰在《开放中的变迁》一书中指出，20世纪前80年，人类思想所显示出来的改造世界的巨大威力，是过去数千年文明史中前所未有的；20世纪后20年，人类思想又远远跟不上现实的发展（金观涛、刘青峰，2011）。经济学也是如此。迄今为止，对中国这样一个有13亿人口的发展中大国发生的经济变化，对苏联、东欧国家发生的经济制度变革，经济学都还没有做出令人信服的解释。比如，按照西方经济学的传统，市场机制与社会主义是不能相容的。然而，在邓小平理论指导下，中国坚持社会主义制度，在宏观调控下充分发挥市场机制的作用，实现了连续三十几年的持续快速发展。对这一经济现象，如何给出合理的经济学解释？再比如，经过三十几年持续快速发展，中国改革发展进入了关键时期，如何进一步深化改革、如何促进中国经济平稳较快、科学持续发展，也需要运用经济学家的智慧，提出有用的建议。中国经济问题研究是经济学研究的最大富矿，置身于经济大变革中的中国，中国经济学界是幸运的，大有可为。遗憾的是，这些年来一些经济学家认为中国经济问题研究只是"二流课题"，只有发展新古典经济学理论的研究才是顶级课题，他们的目光不是聚焦于我国经济改革和发展，而是脱离中国经济改革和发展的实际，对西方经济学界亦步亦趋，热衷于枝节性、技术性问题或者纯经济理论问题研究。这样的研究，在国际学术界，远低于西方学者的学术水平，在主流经济学中没有地位。在国内，这样的研究只能在经济学的小圈子内自我欣赏、自我循环，不可能引起社会的关注和尊重，使经济学和经济学家的地位急剧下降。这不能不说是中国经济学界的悲哀。
比如，世界银行于2004年的一份研究报告中提出了"中等
收入陷阱"的假说，国内学者纷纷跟风，一时间成为一个
热点问题。其实，这个问题很可能是一个假命题。影响一
国经济发展的主要因素是资本、技术、人力资源的供给状
况，从发展经济学理论推不出在中等收入水平上将会出现
经济停滞。从经济发展的历史统计分析看，也不支持一个
国家进入中等收入阶段时，一定会出现经济发展的停滞。
出于经济学家的良知和中国经济学发展的需要，中国经济
学界都应该尽快摆脱西方中心论的影响，把眼睛转向国内，
从中国改革开放和经济发展的实践中发现问题，进行深入
研究，实现经济学理论的大突破，建立经济学的中国学派，
为中国的现代化建设服务。这是中国经济学的唯一出路。

二、在研究方法上要打破"西方中心论"

研究对象决定研究方法。马克思主义经典作家致力于
揭示资本主义经济运动的规律，采用了历史唯物主义和长
期动态分析的研究方法。古典经济学家致力于财富性质和
原因的研究，既采用实证方法，也采用规范方法，既研究
物的关系，也研究制度问题，揭示了人类经济活动规律，
构建了经济学的大厦。因此，在马克思、亚当·斯密那几代
经济学家那里，经济学是"黄钟大吕"，是辉煌宏大的建
构。现代西方经济学排斥制度分析，研究如何优化资源配
置，从而如何提高效率，研究局部均衡，经济学由对国民

财富如何增加的学问变成了个人如何发财致富的学问，因而更多地依赖数学手段，解决具体经济领域和技术性问题，使经济学几乎成为了数学的分支。诚然，经济学分析不排斥数学方法，但是经济问题的复杂性、可变性，决定了数学方法的极大局限性。所以，前辈经济学大师主要用明快而深刻的语言表达他们的经济观点，而少用数学公式。经济思想史专家指出，凯恩斯如数学家那样思考，但却没有诉诸晦涩的符号和神秘的公式。马歇尔专门从事经济学教学和研究之前是学习数学的，然而在他表述经济学理论时，用的是外行人可以看得懂的语言，数学公式只是放在注脚中。今天的西方经济学过多采用数理分析方法，不过是用形式的玄妙，掩盖思想的贫乏而已。正如一些严肃的经济学家所指出的，利用数学模型研究经济问题，有两个致命的缺陷。一是数学模型不可能包含过多变量，必须假定有些变量是不变的，"把一部分牲畜关进栏内"，暂时忽略它们的影响，只分析少数几个变量的影响。但是，经济学要面对真实的世界。如果模型中舍弃的变量对分析结果实际上影响很大，一旦把真实世界中的影响要素放进去，那些"冗长而精致推理"的精美模型，可能会变成"科学的玩具，而不是用于实际工作的马达"（马歇尔语），只具有纸上谈兵的说服力，实际上毫无用处。事实上，现代西方经济学研究中许多模型不仅舍弃掉了历史、文化对经济现象的影响，而且舍弃掉了许多对经济活动有重要影响的经济因素。实际上，这些模型不过是精美的智力游戏而已，没有多少认识价值。二是经济学的作用不仅在于表述经济现实，还要能够预测未来。凯恩斯说过，经济学家应该像牙医一样务实，对不同病人开出不同的药方。马歇尔更是一针见血，"对理论的真正检验是看他能否正确地预测事件的发生"。如果在现实世界中不管用，那再精美的模型也是错误的。西方经济学家车载斗量，然而对 20 世纪 90 年代下半叶的亚洲金融危机、2008 年的美国金融危机的爆发集体失语，只有克鲁格曼对两次危机发出了警告，并出版了《萧条经济学》，算是给西方经济学挽回了一点颜面。

有志于服务中国经济建设和致力于中国经济学发展的经济学家，应该在研究方法上摆脱西方中心论的影响，采取科学方法研究中国和世界经济问题。

第一，要坚持历史唯物主义的研究方法。研究经济制度变迁和发展趋势，特别是解释中国发生的经济大事件，预测中国未来经济体制和经济发展走向，不是摆弄几个变量、建立几个数学模型可以胜任的，需要烛照历史与未来的大思路、大框架，从生产力与生产关系的矛盾运动中把握改革的动力与改革的方向，提出经济发展的大战略和政策思路。

第二，要扩展经济分析的视野，不仅对经济因素进行分析研究，而且要深入分析政治和文化对经济运动的影响。邓小平同志早就指出，经济体制改革到了一定时候，必然要求政治体制改革。要从经济制度与政治制度的内在联系出发，从中国国情出发，研究提出政治体制改革的方向、路径和步骤等问题。厉以宁先生对资本主义起源及比较经济史的研究表明，由于世界各国封建制度的特点不同，市场经济的发育成长过程、市场经济的模式都会有很大区别。同样是封建制度，具有刚性特征的西欧国家市场经济成长比较容易些，而具有弹性特征的中国市场经济成长就困难得多，由封建经济向现代市场经济的变迁过程漫长得多。研究中国经济体制改革和经济发展，需要考虑中国特殊的历史遗产的影响。同样，文化对经济发展的影响也是巨大的。费孝通先生指出中国社会是"熟人社会"或者说"差序社会"，形成一个个人情圈子，在熟人圈子内，人们之间很热情、讲信用，超出熟人圈子，人们就缺相互信任，缺乏社会诚信。显然，这种文化对市场经济的发展将会产生不利影响。因为市场经济的发展，取决于市场范围的扩大和分工的深化，必须超越地域的限制和人情关系的限制。还有，由于中国几千年中央集权的传统，人们习惯于服从权威，我国市场经济体制中政府的作用一定会比西方国家大得多。比如，在日本、韩国等东亚国家，形成了政府主导型市场经济模式，与欧美的市场经济模式之间存在一定差别。

第三，西谚云："魔鬼隐藏在细节背后。"经济运动的规律和趋势就隐藏在具体的经济现象中。所以，经济学研究要注重"田野调查"，善于从日常经济现象的变化中发现规律性的东西。对经济学了解越多，从事经济研究的时间越长，就会发现经济学不过是平凡生活中的常识，真正管用的经济理论是不多的。掌握了少数经济学基本理论工具，深入到经济生活的第一线，从对具体问题的调查研究入手，就可以从微观观察推断宏观整体，从生活细节中判断经济发展走势。比如，与 20 世纪 90 年代的全民经商潮形成鲜明对比的是，这些年人们更热衷于当公务员或到国有企业谋个工作。对这个现象涉及的关系进行深入分析，可以推断，政府配置资源的作用增强了，而市场机制配置资源的作用削弱了，政府公务人员的政治经济地位相对提高了，国有企业在竞争中比私营企业具有更大的优势，通过个人创业获得成功变得更加困难了，我们的市场化改革还很不彻底，需要加快推进。

三、在评价标准上要打破"西方中心论"

王遥先生说过，知识分子当然要有知识，但他也必须是"分子"，是独立的个人，有独立立场，不要被大众所裹挟。现在中国经济学界有一种流行风气：远离中国经济生活实际，拼命迎合西方主流经济学，从研究的问题到研究方法，从研究内容到学术规范，都以得到西方经济学界承认为荣。看一个经济学界人士及其研究成果的价值，不看是否对中国改革开放和经济建设实践有用，不看真正的理论与实践价值，而是看是否在国外杂志上得到发表，或被西方国家经济学杂志引用。一个经济学者得到了西方国家的经济赞助，仿佛就有了炫耀的资本，对国家级社会科学基金资助的研究课题不屑一顾。有的国家级研究单位迫于压力去申请，则随便找一个研究生去做标书，连硕士研究生论文开题报告的水平都达不到。有的经济学核心刊物坚持所谓西方经济学学术规范，从头到尾充斥了数学模型。一本曾经对中国经济体制改革和发展产生过重要影响的刊物，现在不仅外行不看，从事经济学研究和实务的也没有几个人读。

中国经济学要发展，必须打破这种外国月亮比中国圆的盲目崇洋的幼稚心理，尽快成熟起来。西方经济学走到今天，到底是一种什么状况？一位研究经济史和经济学说史的英国经济学家不客气地指出，就解决宏观经济稳定、就业、收入分配、经济增长等重大的实际问题而言，经济学还是"没有有关这些问题的答案，并且从未做出过回答"。萨缪尔森的一位老校友说到西方经济学的现状时则指出，各种未解决的经济问题依旧，只是经济学给出的答案不断改变。这告诉我们，西方经济学还没有达到经典物理学或相对论那样的科学水平，西方经济学的原理和方法可以作为我们研究的借鉴，没有必要奉为金科玉律。如果我们对当代西方经济学的成果进行一下盘点，与 20 世纪 40 年代以前的成果比，并没有多少惊人的理论成果。比如，被视为当代经济学大师的保罗·萨缪尔森，得到了诺贝尔经济学奖。用他自己的话说，他最得意的经济学成果是利用现代数学技巧重新验证了亚当·斯密的增长理论，发现"如果发明持续发生，利润率和实际工资增长率将会在他们勉强糊口的生活水平之上达到平衡"。亚当·斯密的理论已经被经济生活证明过了，还用得着数学检验吗？另外，如果不是怕别人说你没有学问，你真的听懂他说了些什么吗？再比如，卢卡斯因为对理性预期理论创立与发展做出了突出贡献，获得了诺贝尔经济学奖。他从新的角度、运用新的数学模型进一步证明了西方经济学关于经济人理性的基本假设，认为经济行为人对政府的财政政策和货币政策产生的影响会做出理性预期，从而做出理性的反应，抵消掉这些政策的作用，因此国家对经济生活的干预是没有用处的，结论是应该实行完全的市场调节。中国有句老话，叫作"利令智昏"。在其他事情上，人们可能比较理智，而涉及到经济利益，人们很难做到理性，而往往会变得很不理智。1929 年大危机前美国股民的疯狂表现，中国股市 6000点之前的全民炒股，充分说明理性预期分析缺乏对人性的深刻理解与把握。如果你知道 1871 年欧洲第一次股市崩盘时李嘉图赔了大钱，1929 年大萧条时凯恩斯也在股市上遭受了惨痛损失，你还会相信所谓理性预期的高论吗？这些年来，国内经常邀请国际上著名经济学家出席各种论坛，或专门请他们到中国就某一重要经济问题提出建议。我发现，他们的见解大多隔靴搔痒，不咸不淡，看不出比国内经济学家高明到哪里去，好吃好喝好玩，再拿个厚厚的红包离去，没有看见对中国经济产生什么重大积极影响。解决经济改革和发展中遇到的难题，中国缺少的不是从西方引进的各种思想，而是缺乏对过去三十几年改革发展成功经验的深入总结和发掘，缺乏从中国国情出发提出的应对未来挑战的新思想。中国的事情还是要靠中国人自己拿主意，中国经济学发展还是要走自己的路，不必处处仰人鼻息。只要中国经济学家提出的理论和政策建议，对中国经济改革和发展有用，有利于增进中国人民的福祉，西方经济学界欣赏与否，得不得诺贝尔经济学奖，真的有那么重要吗？

马克思曾经说过，每当历史的火车转弯时，所有的知识分子都会摔出车外。希望中国的经济学家尽快摆脱"西方中心论"的桎梏，在中国经济大变革、大发展的时代，用经济理论创新服务于中国的现代化建设事业，乘上新阶段经济改革发展的时代列车，而不是被摔出车外。

叁

"中国模式论"批判

——兼谈对新阶段改革的几点看法

大致从 2010 年到党的十八届三中全会召开之前，"中国模式"问题成为学术界特别是经济学界争论的热点问题。到目前为止，争论还远远没有结束。

关于"中国模式"的含义，有各种不同的解读，差距甚大。有的把中国特色社会主义道路说成是"中国模式"，这实际上是关于中国发展道路问题，不是争论的焦点；有人把当前的经济发展模式说成是"中国模式"，在学术界也没有得到普遍认同。学术界集中争论的"中国模式"问题，是一种经济体制模式，即强势政府发挥调控作用、并存在一个具有强大控制力的国有经济条件下的市场经济体制。本文研究的是经济体制意义上的"中国模式"问题。

"中国模式"的倡导者认为，坚持"中国模式"，可以保证中国经济持续快速发展，因而毋须对现有经济体制继续进行改革；反对者认为，"中国模式"不利于今后中国经济发展，必须对现行经济体制进行重大改革。实际上，关于"中国模式"问题的争论，既涉及对过去三十几年经济快速发展真正原因如何认识，如何总结认识过去三十几年的问题，更是事关中国改革发展前途的争论。

一、"制度红利"是"中国奇迹"的根本原因

党的十一届三中全会以来到 2010 年间的三十几年，除

了 20 世纪 90 年代后期由于亚洲金融危机的影响，个别年份经济增长速度低于 8%，最低年份甚至低于 6%，大部分时间内我国经济增长速度保持在 9% 以上，总体经济实力快速增强。到 2010 年，我国经济总量超过了日本，成为世界第二大经济体，同时中国超过德国成为世界第一大出口国。

对于中国经济迅速崛起的原因，倡导"中国模式"论的人们认为，这是由于中国形成了有特色的经济体制，即有一个强势的政府和一个有着强大控制力、影响力的国有经济，能够正确制定和成功执行符合国家利益的战略，能够集中力量办大事，从而创造了成功举办北京奥运会、"神八"发射、"嫦娥登月"、高速铁路、三峡工程等奇迹，并且能够有效应对国际金融危机，率先迅速从危机的影响中走出来，经济增长速度仍然能保持在 9% 以上。这种经济体制模式受到世界各国的羡慕，足以成为世界各国效仿的楷模。

这种观点是否符合中国经济增长的实际，是否科学？

约翰·洛克在《人性论》一书中提出了关于科学认识的一个重要问题。他指出，事物之间的关系是复杂的，既有必然联系，也有偶然的联系。在时间上先后继起或同时存在的事物之间，未必存在因果关系。用这个观点分析"中国模式"论的论述，我们会发现，如果说有一个可以操控整个经济生活的强势政府和掌握国民经济命脉的国有经济，是改革开放以来中国经济发生奇迹的原因，那么在传统计划经济时期，政府对经济生活的控制不是更全面、更无处不在吗？国有经济在国民经济中地位不是更举足轻重、所占比重不是更大吗？为什么前30年没有取得如此巨大成就，而且国民经济屡屡濒于崩溃边缘？正如有的学者所指出的，强势政府是一把双刃剑：我们的优势，是可以集中力量办大事；我们的劣势，是可以集中力量办错事。

由此可见，强势政府和强大的国有经济，不是30多年来取得巨大经济成绩的真正原因。真正的原因，是我国大力推动了经济体制改革和对外开放，在以下几个方面极大地解放和发展了生产力。

第一，改革开放使原来处于闲置状态的资源变成了现实的经济资源。农村改革大大提高了农民生产积极性，提高了农业劳动生产率，并且使原来潜在的劳动力过剩显性化，几亿劳动力从土地上解放出来，成为工业等非农产业发展的生力军，创造了巨大的社会财富。由于改革，原来闲置的土地、能源、矿产资源等变成商品进入生产交换过程，成为促进社会财富增长的现实资源。这些原来闲置不用的资源得到合理充分利用，是我国生产力迅速发展，社会财富总量急剧增加的重要源泉。

第二，改革为广大劳动群众创业提供了空间。在传统计划体制下，从事私营经济活动被视为资本主义复辟，遭到无情打击，劳动群众自主创业完全没有可能，一些有天赋的企业家才能的人完全没有用武之地。经济体制改革为个人创业提供了条件，非公有制经济成为社会主义市场经济的重要组成部分，具有了合法性，使过去被压抑的创业积极性和创业精神迸发出来，创造了难以计量的物质财富。

到20世纪末，中国已有3000多万非公有制企业，在中国经济中占有半壁江山，成为经济发展不可或缺的重要力量。

第三，发挥市场调节和配置资源的作用，提高了决策效率和科学性。过去实行高度集中的计划体制，决策高度集中，不仅决策效率低，而且决策依据的信息的准确性难以保证，科学性也难以得到保证。改革使得市场主体可以根据市场信息自主决策，大大提高了决策效率和决策科学性，使供给与需求之间更加相互适应，提高了整个经济的效率和活力。应该说，过去只是发挥了计划等决策部门少数人的智慧，现在把千千万万的智慧都投入了社会经济活动中去，等于经济活动中投入了巨大的智力资源增量，转化成了源源不断的财富增量。

第四，改革使人们的经济利益取决于个人的工作成果和经营成果，大大激发了人们工作的积极性、创造性，使人力资源的作用得到充分发挥，成为生产力发展和财富增加的不竭源泉。

第五，对外开放给中国发展提供了广阔空间和机会。实行对外开放，不仅拓展了国际市场，为我国经济发展提供了巨大的国外需求，而且我们还可以引进、消化吸收国外先进技术和管理经验，使我国生产技术水平、管理水平和国民经济整体素质迅速提升。

现在国内经济学界分析我国改革开放以来经济持续快速发展、总体规模迅速扩大的原因时，流行的观点是经济发展成果既来自"改革红利"，也来自"人口红利"、"资源红利"。依我看，这红利，那红利，都不是根本原因，归根结底还是改革开放带来的体制机制变化，给中国经济注入了强大动力和活力。因为，"地大物博，人口众多"，以前讲中国国情也是这几句话，说明过去我国同样拥有人力资源、自然资源丰富的优势，但经济却没有发展起来。前后 30 年对比，真正变化的是因为改革开放而引起的经济体制机制变化，所以经济发展持续快速的根本原因是改革开放带来的"制度红利"，而不是其他因素。不这样分析，就不能科学地认识和总结改革开放以来 30 多年的历史。

二、理性看待应对危机的成绩，
理性评估中国经济实力

"中国模式论"的提出是在中国经济增长速度重回 9% 以上，宣布从国际金融危机影响中率先走出来之际，也是中国经济总体规模成为世界"老二"之际。应该说，是战胜国际金融危机的成效，以及我国成为世界第二大经济体，使一些人头脑开始发热，产生了盲目自信，从而认为中国现行经济体制模式可以成为世界学习的榜样，又产生了"制度幻觉"。

这就需要对我国应对国际金融危机的成效和我国目前经济实力进行客观、科学的评价，给"中国模式论"倡导者泼一碗冷水，使他们头脑清醒一点。

先讨论应对国际金融危机的成效。应当指出，2008 年国际金融危机来临之前，我们并没有预见到危机的到来，经济政策上也没有任何准备。那一年年初，宏观经济政策基调仍然是适度从紧的财政政策和货币政策，防止经济继续过热，上半年中国人民银行还多次提高了存贷款利率和存款准备金率。到了 2008 年 9 月、10 月份，美国金融危机开始向全球蔓延，对我国经济增长的冲击来势凶猛。我国有过应对亚洲金融危机的经验，面对这次危机没有惊慌失措，中央制定和实施了应对国际金融危机的一揽子计划，打了一套"组合拳"，包括连续出台了十大产业振兴调整规划，提高出口退税率，扩大财政和货币投入，增加和加快基础设施项目建设等等。这就是现在为媒体诟病甚多的"四万亿元经济刺激计划"。这些宏观政策措施实施后，很快见到了成效，到 2009 年下半年就止住了经济下滑势头，当年经济增长速度超过 9%，2010 年则重回 10% 以上，并且在那一年经济总量超过了日本，在世界上仅居美国之后。

这时候，国内一些人头脑开始发热了。急匆匆宣布中国已经率先摆脱危机的影响，走出了困境，着手研究危机结束以后的经济工作方针、政策，"后危机时代"一度成为媒体上的热词。媒体关于国际事务的报道和评论，调门也明显发生了变化，针对南海争端，主战声音占了上风，涉及世界上重大事务，在 G 20 中发挥重要作用已经不够了，还要撇开发展中国家、欧洲国家、俄罗斯等，启动 G 2 机制，与美国两家共同决定世界命运。

无奈好景不长，随着前一阶段刺激经济政策陆续退出，2012 年中国经济增长速度就跌到 9% 以下，2013 年只有 7.8%，今年经济增长指标确定为 7.5%，能否完成还是未知数。现在媒体宣传，我国已经进入经济增长新常态，承认再像过去那样达到 10%左右的经济增速，是不可能的。在国际上，针对一段时间我国媒体自我感觉越来越好，调门越来越高，美国马上出手反制，针对我国与多国开展双边自由贸易谈判，启动了跨太平洋贸易协定谈判，又听任日本在钓鱼岛挑起事端，给我国制造了不小的麻烦。

对应对国际金融危机成效的夸大，根源于对世界经济走势和我国经济发展中长期趋势的误判。在新古典经济学占据主流地位，经济学研究日益微观化、静态化的氛围下，国内一些经济学家和经济界人士已经不习惯、不会用长期的、动态的观点看问题，对经济发展趋势能够看 5 年就很不错了，眼光和视野也越来越狭窄。其实，由于自 20 世纪 80 年代中期信息科学技术实现革命性突破、信息产业异军突起，世界科学技术没有实现新的重大突破，没有新兴产业群的兴起与发展。随着信息技术和信息产业群对经济的拉动作用不断释放和逐渐衰减，从经济增长的长周期看，世界经济经过 20 余年上行阶段的快速增长以后，已经由上行阶段进入了下行阶段。只要这种状况不发生根本性变化，世界经济就难以摆脱低速增长状态。中国经济已经与世界经济紧密联系在一起，经济增长状况与世界经济发展形势高度相关，在世界经济状况不发生根本改观的情况下，中国经济难以独善其身。再看国内情况。我国经济长期高速发展，很重要的推动因素是投资快速增长，投资持续高速增长是靠基础设施、房地产快速发展推动的，又拉动了重化工业持续快速发展。根据国务院发展中心的研究，2007年我国基础设施需求和建设已经到了最高峰，以后投资增速必然逐渐减缓，重化工业增速也会随之减缓，导致经济整体降速。实际上，从 21 世纪第一个 10 年的中期阶段，我国就进入了经济增长下行阶段。在这种大环境下，实行刺激经济增长的宏观政策，短期内可以把经济增长速度拉上去，但改变不了中长期趋势，改变不了经济发展的基本面。一旦政策退出，速度必然下来，不可能保持过去的高速度。还需要指出的是，每当经济危机来临，都释放了一个重要信号，即整个经济供给结构和需求结构之间已经严重不相适应，需要对供给结构、产业结构进行较大调整。这次危机中，西方国家关注的是结构调整，为以后的发展奠定较坚实基础。就像一个人病了，先把工作节奏放慢一点，抽出一段时间把病治好，以便今后更健康地工作。我们国家以前的做法是，不是把注意力放在产业结构调整优化方面，而是采取刺激措施，在不改变现有经济结构的前提下，继续扩大建设和生产规模，导致产业结构不合理状况进一步加剧，产能过剩更加严重，长期内要付出更大代价。就像一个人受了伤，不去彻底治疗，而是不停地"打封闭"，让他继续奔跑，直到最后倒下，可能再也爬不起来。

综上所述，对反危机成效不可过分夸大，不足以证明现行经济体制机制就是理想的体制模式，不能把它固化，还要号召其他国家来学习、效仿。

　　再来讨论如何看待我国的经济实力。看一个经济体的实力，不仅要看数量，更要看质量。我国经济总量已跃升为世界第二，这确实是一个了不起的成绩。但如果真的觉得自己了不起了，自我膨胀到以为现在我国经济实力、综合实力足以与美国等强国抗衡，则是不理智、不清醒的。我国经济总量不小，但质量不高，是一个"虚胖子"：个头长成了，但筋骨不强壮。我们生产和出口的产品中低端产品占较大比重，缺乏有自主知识产权的关键核心技术，研发、设计和市场销售均被跨国公司掌控，我们的企业一般从事加工制造环节，在"微笑曲线"中处于底端。有人这样描绘当前的国际价值链：硅谷的创新型企业拿走新增价值的35%，华尔街的投资银行拿走35%，德国的装备制造商拿走25%，中国企业只能获得5%的加工组装费。许多关键设备、关键材料、关键元器件需要进口，如高铁相当大比重的设备、元器件都是进口的。我们现在还没有自己研发制造的航空发动机，直升机研发制造水平比美国至少落后50年以上。历史告诉我们，只有数量，没有质量，算不上真正强大。1876年美国费城世界博览会上，美国展出的是世界上马力最大的发动机，德国展出的是制造枪炮的机密机床，大清国展出的是27套手工制作的银质挖耳勺和几双小脚女人穿的绣花鞋。当时，清朝经济总量占世界经济总量的四分之一多，却被列强任意瓜分和宰割。2007年，我国出口7亿件衬衫获得的利润，只能购买一架波音客机，说明我们的总量很大，综合实力仍然没有办法和美国平起平坐。我们没有理由狂妄自大，既不能产生世界第二大强国的幻觉，也不能产生莫名其妙的"制度自大"，在经济科技方面要抓紧追赶，在经济体制方面也要继续深化改革。

三、发展呼唤改革，改革不进则退

吴敬琏先生称当前这种"半命令式经济、半市场经济"体制是一种"过渡性模式"。依我看，当前的经济体制毋宁说是改革的"半成品"，经济体制改革是一个"半拉子工程"，改革任务远远没有完成，改革过程远远没有结束。

中国经济体制改革的根本任务，是使市场在资源配置中发挥重要作用。十五届三中全会的表述是"发挥基础性作用"，十八届三中全会进一步明确为"发挥根本性作用"。分析现在的经济体制机制，市场在资源配置中既没有发挥"基础性作用"，更没有发挥"根本性作用"。比如，在价格决定方面，消费品价格绝大部分已经由市场决定，而生产要素价格很多还是由政府决定，如能源价格、资金价格等；企业在生产经营方面有了很大决策权，但众多的产业政策、项目审批、准入审批等，干预了市场，也干预了企业的微观经济活动，国有资产监督管理部门对国有企业的干预则更多更具体；政府还掌握了土地、矿产、资金等许多重要资源，直接进行投资和其他经济活动，并通过对银行干预，对资金投向施加了重要影响；发展混合所有制经济进展缓慢，国有经济不断扩张，不仅控制了关系国计民生的重要领域，在许多竞争性领域也占主导地位，在一些领域占据垄断地位，享有许多优惠条件，阻碍了市场竞争，抑制了整个经济的活力。因此，"革命尚未成功，同志仍须努力"，改革不能停滞不前，必须继续向纵深推进。

必须指出，如果维持现有经济体制，即一些人所称的"中国模式"，经济社会发展将不可持续，经济体制也会向着"坏的市场经济体制"发展。那是我们最不愿意看到的。

第一，政府主导的经济发展不可持续。（1）在地方政绩 GDP 导向和财政分灶吃饭的制度下，"干部出数字，数字出干部"，只有不断扩大经济总量规模，干部才能得到晋升，地方财政收入才能增加。于是各地不顾整体产业结构状况如何，都极力追求经济总量扩大，热衷于上大项目，热衷于招商引资，结果造成了大量重复建设项目和产能严重过剩，使整个社会资源利用效率状况低下。有资料显示，20 世纪 90 年代，1 元人民币可以带来 1.4 元产出，现在 1 块钱只能带来 0.7 元产出。（2）在政府主导经济发展模式下，靠行政强制和大量投入资源，短期内可以实现快速增长，但不能持续下去。现在"人口红利"正在减少，到 2015 年我国人口将达到最高峰，以后将出现劳动力供给下降。靠劳动力无限供给、压低工资提高利润和增长速度的办法再也行不通了。同时，大规模投入低价土地、能源、原材料等资源实现高速增长，随着资源逐渐减少甚至枯竭，这种增长方式也到了穷途末路。（3）政府利用掌握的土地、财政收入、资金等资源直接进行投资活动，存在着巨大浪费和投资低效益状况。长期以来，各地纷纷兴建大广场和具有国际水平的体育中心、会展中心、文化中心，一年也搞不了一次活动，还需要花费巨资维护；许多地方兴建类似"白宫"、"国会山"那样的超豪华办公大楼，不少地方兴建新城，动辄投资几百亿元甚至上千亿元。有一个县级市建设的城市广场只比天安门广场小1平米；还有一个县级市决定投资1200亿元兴建江滨公园。这些好大喜功的工程，既不能带来经济效益，也不能带来社会效益，对老百姓生活改善发挥不了多大作用，却耗费了大量宝贵的资源，导致整个经济的低效益。（4）国有企业占用了大量社会资源，但多年统计资料表明，资产利润率都低于外资企业、合资企业、股份制企业，也低于私营企业。有关统计资料表明，现在中央企业的资产利润率只有不到4%。（5）国有企业集中了大量资金和大批高素质科技人才，但是由于对国有企业负责人的考核实行任期制，而且主要看营业收入增加及利润情况，企业既没有科技创新的动力，也没有科技创新的能力。过去我国产业和技术与国外不在一个层面上，可以方便地从国外引进所需要的技术，现在我国生产的产品直接、间接地与国外产品在市场上竞争，国外企业再也不愿意轻易地把先进技术转让给中国企业。失去技术支撑，我国产业转型升级、效率提高都将遇到严重障碍，经济发展将行之不远。

第二，经济体制改革如逆水行舟，不进则退，有可能向"坏的市场经济"方向发展。如前所述，当前经济体制是一件改革的"半成品"和"半拉子工程"，那么这个工程

就有两个前景：一是维持当前现状，成为"烂尾楼"；二是
把未完工程继续建设下去。把未完工程继续建设下去也有
两个前景：或者按中央确定的目标和决策继续深化改革，
建成完善的社会主义市场经济，或者沿着"坏的市场经济"
方向发展，走到邪路上去。

"中国模式论"倡导者的直接目的是停止改革、阻挠改
革。因为"命令经济"与市场经济的结合，最有利于把权
力变成经济利益，改革步伐停下来，使现有体制固化，有
利于保护既得利益集团的利益。他们口头上并不反对改革，
也不反对经济市场化，但是他们提出了"中国模式"，说现
在的经济体制就是中国需要的市场经济，就是经济体制改革
要达到的目标模式，所以不需要进一步深化改革。这种观点
也有自己的理论逻辑。政府主导型市场经济不仅在中国存
在，日本、韩国等东亚国家的经济体制也带有政府主导的特
点，并且这些国家都取得了经济上的成功。由于与西方国家
历史文化上的差异，经济体制也一定存在差异，政府主导型
市场经济，应当是适合东亚国家国情的经济体制模式。但
是，应当指出，在日本等国的政府主导型市场经济中，政
府主要是通过中央银行对信贷活动的"窗口指导"和通产
省的产业政策对产业发展的引导等一类活动实现，政府一
般不对企业直接发号施令，不直接干预企业的生产经营活
动，经济生活基本上是靠市场调节的，资源主要是通过市
场配置。不仅如此，了解日本产业政策的人们都清楚，日
本的产业政策是对产业退出的援助政策，而不干预企业的

投资方向，在资源投入环节不干预市场。这与我国现行经济体制仍然有着根本的区别，可以说有一点形似，而基本的机制是不同的，不能以日本等国政府也干预经济活动为由，否定我国继续深化经济体制改革的必要性、紧迫性。

我国经济体制改革还是一个未完成的工程，不进则退。如果改革不是朝着市场在资源配置中发挥根本性作用的方向前进，由于经济体制存在着路径依赖，就会进入政府主导的路径，沿着政府掌控更多资源和资源配置，更多干预市场，权力与市场结合的方向推进。在这样的体制下，行政权力无处不在，牢牢控制着市场，市场自由交换秩序得不到保护，甚至"丛林法则"支配市场，整个经济变成一个寻租场，权力与金钱的交易制度化、合法化，腐败与贿赂公行，导致贫富差距进一步扩大，社会矛盾不断激化，直至发生诺贝尔经济学奖获得者冈纳·缪尔达尔所说的"亚洲戏剧"，即整个社会秩序的溃散。如果我们对这种"坏的市场经济"还没有概念的话，认真考察一下今天印度的经济制度和秩序就十分清楚了。这显然不是我们期望的未来的社会经济秩序。

四、过程是中国经济改革的精彩篇章

如果从影响中国经济体制改革走向的角度看，关于"中国模式"的争论已经结束了。党的十八届三中全会通过的《中共中央关于全面深化改革若干重大问题的决定》明确宣布，下一步深化改革的目标，是建立"市场在资源配置中发挥根本性作用"的社会主义市场经济体制。在未来的经济体制中，将严格控制政府对经济活动的干预，实行负面清单管理，"法不授权皆不可为，法不禁止皆可为"，更大程度、更加充分地发挥市场的作用。显然，这个文件否定了"中国模式"是我国经济体制的最终模式，同时也向世界宣示，中国也不会允许从目前的经济体制向"坏的市场经济"蜕变。

然而，政策与决策层面的争论结束了，把十八届三中全会的决策落到实处，建立完善的社会主义市场经济体制，任务还十分复杂而艰巨。改革前路正远。

这一节，阐述一下对下一步改革的几个主要观点。

第一，新阶段改革将比以往的改革更加困难。首先，以往的改革大都是"帕累托改进"，即各个社会阶层都因为改革得到了好处，或者一部分人通过改革获益，其他人也没有因此受到利益损失。这意味着过去的改革相对容易一些，而今后的改革，一方面会使一部分人和社会整体利益得到增进，但却会损害既得利益集团的利益，主要是大幅度减少行政审批，一些掌握实权的官僚就会失去利用权力寻租的机会。所以，习近平总书记谈到改革时多次指出，现在容易改的都改过了，剩下的都是难啃的硬骨头。而改革的逻辑恰恰是，推进改革还要靠改革的对象去推动。"与虎谋皮"，谈何容易，必然遇到顽强的抵制和巨大阻力。新的中央领导集体一再强调，抓工作要"抓铁有痕，踏石留印"，抓改革还需要加一副铁嘴钢牙，去啃改革的硬骨头。其次，新阶段改革缺乏思想和舆论准备。20 世纪 70 年代末期改革拉开大幕、80 年代改革逐步展开，都是以思想解放开路的，并有充分的舆论准备。经历过改革开放历程的人都记得，中央决定实行改革开放的重大决策前，开展了一系列解放思想，反"左"也反右的艰苦的思想战线斗争。重提弘扬党的"实事求是，解放思想"的思想路线，开展真理标准大讨论，彻底否定"文化大革命"，消除"左"的思想流毒，批评一切都要问"姓社还是姓资"的论调，鼓励创新观念，号召敢闯、敢试，改革不要怕犯错误，等等。正是有了这样的思想基础和舆论环境，保证了过去30年改革的顺利推进。而在十八届三中全会召开前，一些人还沉浸在战胜金融危机的喜悦之中，"中国模式"论风行一时，甚至在党的高级领导干部中也很有市场，一些领导同志公开讲话中经常把"中国模式"挂在嘴上，中国不是要继续深化改革的问题，而是如何向世界各国推广中国现行经济体制模式的问题，是教给美国、日本等国家如何发展经济的问题。可以看出，《决定》提出的改革思想和决策大大超过了一些干部的认识水平，中央做出这个决定也出乎不少干部的意料之外。十八届三中全会提出的改革任务如此艰巨，而我们不少干部却缺乏必要的思想准备，将使中央改革决策的落实遇到相当大困难。

第二，改革将先难后易，渐次推进，整个改革过程不会一蹴而就。有些对经济社会发展至关重要，而且经过多年试点、看得准的改革措施应率先推出、加快推进，不能再拖泥带水，犹豫不决。比如，国有企业改革将加快推进，重点是建立现代企业制度，发展混合所有制经济，落实董事会职权和责任；国有资产监督管理体制改革时机已经成熟，方向已经明确，就是要完善国有资产管理体制，以管资本为主加强国有资产监管，学习新加坡经验，借鉴国有资产监督管理的"淡马锡模式"，使国有资产所有者职能与管理者职能分开，改变对企业具体生产经营活动直接干预的现行管理体制；实行负面清单管理，法不禁止皆不可为，法不授权皆不可为，大幅度减少行政审批事项，减少政府对市场和经济活动的干预；推行税收体制改革，用增值税取代营业税，再逐步扩大消费税征收范围，扩大地方财力，使中央政府和地方政府事权、财权相匹配；大力发展中小金融机构，放开对民营资本在金融机构中所占股权比例限制，在放开贷款利率前提下，探索放开存款利率改革，逐步向利率市场化接近，如此等等。对于农村土地制度改革、汇率制度改革、政府体制改革等比较复杂、敏感的改革，则要经过试点，在总结经验的基础上，不断完善政策措施，真正看准了再全面推开。

第三，改革既要重视顶层设计，又要鼓励底层创造和探索。改革进行到今天，经济体制改革目标已经确定，各方面改革需要全面启动、协调推进，不能像改革初期那样完全"摸着石头过河，"需要顶层设计。但是也要看到，一方面，有些领域的改革如何推进，还不是十分清楚；另一方面，写在纸上的决策和号召如何落在实处，需要成功的案例发挥示范作用，并吸引社会各方面学习、效仿，发挥榜样的力量。周其仁教授曾指出，改革早期中国经济体制改革是有"故事"的，这些故事展示了巨大的魅力和吸引力，引领了改革方向。如在民营经济发展方面，有年广久"傻子瓜子"事件；在农村经济体制改革中，有安徽小岗村的村民"秘密协议"；对外开放和投资领域，有袁庚蛇口开发区风波，等等。正是这些案例和故事，昭示了改革的方向，中央总结了基层的做法，承认了它们的合法性，带动了相关领域改革的推进，取得了良好的效果。今后的改革，仍需要基层的创造与探索，需要有"好故事"，来引导改革，推动改革。

第四，要鼓励基层单位和干部大胆闯、大胆试，甚至允许基层在改革过程中犯错误。改革就是要突破原来体制规定和做法，难免出现一定的偏差。不能出了一点问题就急刹车，就要处理人。有的回忆文章讲到，当年建议处罚年广久的材料报到邓小平那里后，邓小平批示，先不要动他，我就不信几锅瓜子就能把共产党炒下台。保护了一个年广久，才可能有今天非公有制经济发展万马奔腾的好局面。在南方讲话中，邓小平同志强调不要纠缠于"姓社"、"姓资"的争论，要先干起来，大胆地去闯、去试，比如股票市场也可以试，错了再改过来就行了。有了上面的解放思想，才能有下面的改革创新，使我们对经济体制改革的方向逐步清晰和明确。中央提出的改革任务很艰巨、很复杂，要发挥人民群众改革主体的作用，相信基层干部和群众的创造力和智慧，能够解决改革中遇到的难题。仅仅依靠少数精英坐在办公室里运筹改革和指导改革，必然在复杂的现实面前碰壁。这类教训已经够多了。

肆
经济学研究内容批判

　　谈到中国经济学研究的内容，我想起汪丁丁教授在《回家的路》一书中一段有趣的讲述。一段时间内，他采访了8位获得诺贝尔经济学奖的经济学家，其中有3位对他说，"中国是个迷"。其中布坎南说得最明确："China is a puzzle to me, but, but it works."汪教授翻译为："中国是个谜。看上去不合理。可是却管用。"这对我本书中的研究工作有几点启发：其一，中国改革开放以来发生的事情对于西方经济学家来说是一个谜，他们无法用西方的理论解释中国的事情；其二，中国发生的事情，植根于中国特定的经济、政治、文化环境，有自身独特的逻辑；其三，解开中国经济改革发展之谜，西方经济学理论和西方经济学家不能胜任，这个责任历史地落在了身处其中的中国经济学家肩上。因此，在本篇学术评论中，就中国经济学研究的内容，准备论述三个方面的问题：中国已经发生和正在发生的经济事件，是可以产生重大经济理论创新的研究题材，关于中国经济问题的研究绝不是二流课题；在西方经济学体系框架内，已经不可能再有经济学理论的革命性进步；几个尚待深入研究的中国经济问题及初步看法。

一、中国经济问题研究绝不是"二流课题"

　　一种经济学说的重要性，取决于所研究经济问题的重要性。一个经济学家成就的大小，显然也取决于他研究问题的重要性如何，取决于选择研究对象或研究内容时的眼界和功力。

　　经济学家选择研究对象或研究内容时，既自由又不自由。在没有发生大的经济事件的情况下，缺乏重大研究课题，经济学注定不会有大发展、大繁荣，这是一代经济学家的集体悲哀。经济学家不能选择时代和历史，从这个意义上说，经济学家是不自由的。在经济大变革、大发展时期，是经济学家大有作为的时候。能否独具慧眼，敏锐地抓住时代经济变化的主题，正确选择研究课题，对这种变化做出科学的解释，并对经济发展变化的趋势做出正确的预测，取决于经济学家的见识和水平，最能反映经济学家的功力。在经济发展历史和经济学发展史为经济学家提供了巨大可能性时，经济学家可以选择大有作为，也可以选择平庸，无所作为。从这个意义上说，经济学家是自由的。人类经济发展的历史中，多数时期是波澜不惊、平淡无奇的，影响世界经济发展进程的历史大事件毕竟不常出现，因此，经济学说史上可称为大师的经济学家屈指可数。

　　在经济学说发展史上，对应于现实经济生活的大变革、大发展，先后催生了几种重要经济学说，影响了人类经济发展的进程和方向。亚当·斯密的《国富论》写于英国工业革命如火如荼发展的历史背景下，马克思的《资本论》产生于工业革命和资本主义经济制度引起贫富严重分化的时期，凯恩斯的《就业、利息和货币通论》则是直接针对西方世界屡屡发生的大萧条、以拯救西方经济为使命的，新自由主义经济学各流派的繁荣发生于 20 世纪 70 年代发达国家出现经济滞涨之后。20 世纪后 20 年以来，发生了中国改革开放和苏联东欧经济变革的大事件，注定是世界经济历史上重要的时期。有的经济学家断言，"从人类历史看天下大势，这三段时期（亚当·斯密、马克思和凯恩斯所处的历史时期）都比不上中国开放改革那么重要（张五常《经济解释·序言》)"。经济学家特别是中国经济学家面临着千载难逢的历史机遇，有可能为经济理论发展做出重大贡献，在经济学说史上留下浓墨重彩的一页。

然而，这仅仅是一种可能性，取决于中国经济学者的选择。他们既可以选择大有作为，把中国经济问题作为研究对象，通过坚持不懈的艰苦探索，有可能在经济学发展史上青史留名；也可以跟在西方学者后面亦步亦趋，一门心思地致力于在西方经济学现有框架体系内的学术突破和创新。令人遗憾的是，不少中国经济研究者无视眼前触手可及的经济学研究"富矿"，不去研究中国正在发生和就要发生的经济变化，"自由"地选择了后者。单从学术角度看，这也是很不明智的。不是吗？近十几年来，一些经济学者脱离中国经济改革和发展的实际，热衷于枝节性、技术性问题或者纯经济理论问题研究。这样的研究，由于缺乏在成熟市场经济环境中的生活体验及学术功底不济，在国际学术界，远低于西方学者的学术水平，在主流经济学中没有地位。在国内，这样的研究只能在经济学的小圈子内自我欣赏、自我循环，不可能引起社会的关注和尊重，使经济学和经济学家的地位急剧下降。这不能不说是中国经济学界的悲哀。比如，世界银行于2004年的一份研究报告中提出了"中等收入陷阱"的假说，国内学者纷纷跟风，一时间成为一个热点问题。其实，这个问题很可能是一个假命题。有的经济学家曾指出，影响一国经济发展的主要因素是资本、技术、人力资源的供给状况，从发展经济学理论推不出在中等收入水平上将会出现经济停滞。从经济发展的历史统计分析看，也不支持一个国家进入中等收入阶段时，一定会出现经济发展的停滞。

二、"过度成熟"的西方主流经济学

对于不同经济学流派、经济学分支及研究选题的重要性，不同的经济学家有不同的偏好，本来是难以达成共识的，也没有必要大家意见一致。因此，有的学者把主流经济学框架内的问题作为研究选题，无可厚非，也不能武断地说不能有所作为。但是，就西方经济学研究对象和本身发展情况看，在这个体系内，确实难以有大的发展和突破了。

西方经济学是以西方市场经济为研究对象的。西方经济学诞生200多年来，对西方市场经济领域重大问题都已经进行了探讨，形成比较系统的经济学学说与理论。在亚当·斯密出版《国富论》创立古典经济学以后的时间里，一代又一代经济学家围绕亚当·斯密的经济学基本理论和框架进行发展完善，诞生了许多大师级人物，把西方经济不断推向完善与成熟。随着经济学的边际革命、凯恩斯革命以及垄断竞争等理论的提出，经济学的基本概念、基本理论、基本框架已经形成，主流经济学框架内基本的经济学问题已经解决了。更为关键的是，西方市场经济也已经成熟了，尽管它在不断发展变化，但制度性的重大变化很少发生。西方经济学以发达的市场经济为研究对象，同时排斥马克思主义经济学的长期动态分析和历史唯物主义分析，认定资本主义经济制度是经济制度的"千年王国"，决定了西方经济学家没有多少重要问题可以研究了。回顾近几十年西方经济学的研究状况，可以看出：一方面，西方经济学研究的多是一些枝节性、技术性问题，经济学家在越来越狭窄的领域皓首穷经，力求取得一点突破。正因为如此，近年来诺贝尔经济学奖的评选结果公布后，因为不会对社会经济生活产生重大影响，很快就会被学术界所遗忘。另一方面，一些经济学家运用经济学分析工具研究了经济学领域以外的问题，如家庭、婚姻、犯罪、政治制度等，实现了学术突破，出现了所谓经济学的"帝国主义"。从乐观的角度看，这显示了经济学分析方法和工具的强大力量；从悲观的角度看，说明传统意义上的经济学已经走上穷途末路。比如，最近耶鲁大学心理学教授劳里·桑托斯与一些经济学家合作，开展了对猴子消费行为的研究，证明猴子也是自私和好色的。这种研究也许有一定科学意义，但是很难说是我们所公认的经济学。

然而，在西方经济学的框架内难以再有大的作为，并不等于在现实生活中真的没有问题值得研究了。把视线转向发展中国家，转向东方，俄罗斯特别是中国，许多已经发生的重要经济现象在等待经济学家做出科学的解释，不少尚未解决的重大经济问题需要经济学家给出可行的建议。正如有的学者敏锐指出的，面对20世纪后20年社会政治经济领域发生的巨变，人类思想远远跟不上现实的发展。经济学与中国经济现实发展的关系也是如此。迄今为止，对中国这样一个有13亿多人口的发展中大国发生的经济体制改革和中国发展的奇迹，对苏联、东欧国家发生的经济制度变革，经济学都还没有做出令人信服的解释。比如，按照西方经济学的逻辑，市场机制与社会主义与公有制、政府对经济生活的较多干预是不能相容的。然而，在邓小平理论指导下，中国坚持社会主义制度，在宏观调控下充分发挥市场机制的作用，实现了连续三十几年的持续快速发展。对这一经济现象，如何给出合理的经济学解释？再比如，经过三十几年持续快速发展，中国改革发展进入了新的阶段，面临新的改革任务，如何进一步深化改革、如何促进中国经济平稳较快、科学持续发展，也需要经济学家给予理论说明，提出可行的政策建议。

对中国经济改革开放和发展做出科学解释和预测，并针对存在的问题提出正确有效的对策，历史地落在了中国经济学界的肩上。因为西方经济学家或者习惯于以西方为中心，不会把研究重点放在中国经济问题上。同时，西方经济学自身的局限性，以及西方学者对中国正在发生的经济变化缺乏真正的了解，也不能胜任这一重任。

一种经济理论是对一种特定经济现象的抽象，对于这种特定的经济才有解释力，没有一种可以解释所有经济现象的所谓"通论"。西方主流经济学，即新古典经济学，发展于发达的市场经济国家，所要解释的是发达国家的经济现象，用来解释转型国家的改革和发展中国家的经济现象，则未必能够胜任。

20 世纪 80 年代末期，西方主流经济学家主导了俄罗斯、东欧国家的经济体制改革。他们根据新古典经济学的基本原理和西方国家的经验，提出了"休克疗法"。主要内容是三个方面的改革：即价格完全放开，由市场来决定；全面、大规模、快速地实现私有化；消除财政赤字，维护宏观经济的稳定。这三项主张是西方主流经济学所认可的一个有效的经济体系的最基本内容。他们设想，实行这样的改革，初期经济增长速度虽然会有所下降，但半年或一年之后经济就会恢复快速增长。因此，这些经济学家认为，虽然俄罗斯、东欧国家经济改革比中国起步晚，但很快会超过中国。而中国由于改革的不彻底，经济内部的矛盾很快会引发各种困难而出现速度放缓甚至停滞。然而事实完全与西方经济学家的预言相反。中国经济继续保持了快速增长，而俄罗斯、东欧国家反倒出现了严重的通货膨胀和严重的经济倒退。俄罗斯 1993 年通货膨胀率达到 8414%，即一年物价上涨了 84 倍，国内生产总值仅达到 1990 年的 50%；乌克兰 1993 年通货膨胀率达到 10155%，即一年中物价上涨了 101 倍，国内生产总值仅达到 1990 年的 40%。在东欧国家中，波兰发展情况最好，国内生产总值只下降了 20%，但波兰并没有完全实行"休克疗法"，虽然价格全面放开了，绝大多数国有企业却没有实行私有化。大家都知道，参与俄罗斯和东欧国家改革方案设计的有杰弗里·萨克斯、斯坦利·费雪、保罗·克鲁格曼、劳伦斯·萨默斯等，他们都是来自于哈佛大学、麻省理工学院等著名大学的教授，在西方经济学界称得上是大师级的人物，为什么改革方案与结果之间出现这样大的偏离？为什么对俄罗斯改革和中国改革后果的预测出现这样大的错误？根本原因在于，西方主流经济学在分析转型国家的改革时，其自身理论体系存在着先天缺陷，分析成熟市场经济国家的情况可能有效，对经济、政治、文化条件完全不同的国家，面对大相径庭的约束条件，缺乏足够的解释力和预测能力。

三、破解中国改革发展难题

应当指出，对中国经济问题的研究状况还不能令人满意，与现代化建设的需要还不相适应，关于中国改革开放和经济发展的许多重要问题还有待继续深入研究，中国经济学家任重而道远。我以为，以中国经济问题作为研究对象，主要有三个方面的任务：一是要对以往的改革和发展做出合理的经济学解释；二是对今后改革发展的走向做出预测，并提出指导深化改革、促进稳定快速可持续发展的经济政策建议；三是在研究中国经济问题过程中，提出一系列新的概念和建立新的经济理论体系，创立经济学的中国学派。让我们对第一项和第二项研究内容做一点简略分析。

一种有用的经济学说或理论，首先应该能够对已经发生的经济现象做出合理与正确的解释。

有的学者（加里·杰弗逊，2012）指出，研究中国的经济体制改革，最重要的不是研究中国形成了什么样的经济体制，而是这种体制的形成过程。这给了我们很好的启发。经过改革，各国的经济制度安排最终都要以市场机制在资源配置中发挥根本性作用为基本特征，中国经济体制改革的最终目标也是如此。因此，研究中国以往的改革，要对中国进行的渐进式改革做出正确的解释，为什么以往的经济体制改革把重点放在了增量改革，而没有一开始就动存量？为什么中国没有实行俄罗斯、东欧那样的"休克疗法"？为什么中国的增量改革先行或者说渐进式改革取得了成功，而俄罗斯、东欧国家实行的"休克疗法"遭受了严重挫折？

在经济发展方面，需要彻底搞清楚，中国之所以能够实现三十几年的持续快速发展，根本原因到底是什么？以往的解释是中国三十几年持续快速发展的主要原因是要素价格低，因此生产的产品具有更强大的竞争力。也有的学者认为，中国快速发展的原因除了土地、能源、原材料和劳动力价格低，还因为中国实行了经济体制改革，收获了"制度红利"。在我看来，在引起中国经济快速发展的各要素中，必有一个因素是决定性的因素——其他因素都没有发生大的变化的情况下，主要因为这一因素的变化导致了中国经济发展的奇迹。这个决定性因素，或者说理解中国经济奇迹的"纲"，就是制度供给的变化，就是因为实行了市场导向的经济体制改革，实行了对外开放。我们一直说中国"地大物博，人口众多"，改革开放前后中国经济发展的关键都不是资源供给方面的问题。不同的是，在传统计划经济体制下虽然人力资源和许多自然资源比较丰富，但都处于闲置状态，不能构成现实的经济资源。由于生产和分配均服从计划，不存在真正的市场，不是资源价格高低的问题，而是因为大量生产要素不是商品，不存在真正的价格。是改革打破了传统计划经济体制，自然资源变成了商品，变成了生产要素进入了生产过程和流通过程。家庭联产承包责任制调动了农民生产积极性，提高了劳动生产率，使大量农业劳动力解放出来，进入工业和其他非农产业，创造了大量社会财富。再加上实行对外开放政策，大大拓展了中国经济发展的市场空间，中国生产的产品大规模走向世界，过去未加利用的资源马上形成了巨大的生产能力，成为推动中国经济发展的强大动力。这一切说明，没有改革开放，没有经济体制机制的转换，就没有中国经济的持续快速发展。改革开放以来中国经济发展，主要是来自于"制度红利"。过去的发展靠改革开放，今后中国经济的继续发展，还要靠深化改革、扩大开放。

经济学的功用不但在于解释经济现实，还在于能够预测未来，引导未来。

关于经济体制改革，需要进行规范研究，即未来理想的经济体制机制应该是什么。从改革的经验和内在逻辑来看，未来我国经济体制的基本特征应该是充分发挥市场机制在资源配置中的根本性作用。但由于中国的历史传统、政治传统、文化传统，肯定与西方国家的经济制度有所不同，而可能与日本、韩国等市场经济国家更相近，政府还应当在经济发展中发挥比较重要的作用，带有一定政府主导型市场经济体制色彩。同时，中国经济学家还应该进行改革过程和路径研究，即通过什么样的改革办法达到改革目标，以及在改革的不同阶段能够做什么。这包括改革的动力与阻力、改革的基本条件、改革的成本支付、改革的具体步骤等等。否则，不顾上述情况，不考虑能够做什么，制定的改革方案肯定要失败。

关于未来中国经济发展，也有不少问题需要深入研究。在我国经济技术水平与发达国家差距较大时，我国经济发展道路指向很明确，这就是通过引进国外先进技术，利用国内丰富的人力资源和工业基础，迅速形成大规模生产能力，同时利用国外资源和市场，实行扩大开放战略，促进经济持续快速发展，壮大国家经济实力，提高人民生活水平。那时我国产品水平与发达国家不在一个层次上，与发达国家形不成竞争局面，发达国家由于追求更大利益实行产业升级和产品升级，不少技术已经相对落后，愿意转让给发展中国家，实行这种发展模式是可行的。当我们的产业发展水平和技术水平逐渐与发达国家接近时，产品在国际国内市场上与发达国家形成直接竞争关系，而且这种竞争还会越来越激烈，发达国家也不愿把正在运用的先进技术让渡给我们，中国要走什么样的道路，就成为急需研究的问题。一段时期以来，国家提出了中国经济要转型升级，提高发展的质量和效益，包括加大科技创新力度，调整优化产业结构，大力发展第三产业特别是现代服务业，提高管理水平和劳动生产率等措施。针对中国经济发展模式问题，国内一些经济学家也提出了另外的经济理论和政策主张。如著名经济学家林毅夫教授等提出了要根据中国的资源禀赋，发挥相对优势，增强企业自生能力，实现中国经济的进一步发展。这既是一个学术问题，更是一个现实的经济发展战略和经济政策问题，需要慎重对待。实际上，在落后国家经济发展道路选择问题上，历来有两种主张。一种是发挥发展中国家的相对优势，实现经济总量的赶超。还有一种是通过政府对资源配置的干预，加大技术创新和产业升级，在较短时期内赶上发达国家的技术水平和生产水平。阿根廷经济学家普雷维什在分析国际分工格局时，提出了"外围与核心"理论，指出发展中国家如果不采取措施迅速提高自己的生产技术水平，在国际分工中就永远处于外围，不能分享国际贸易发展的利益，就永远处于落后地位。在经济学说史上，曾经有一个著名的德国历史学派，提出了"生产力理论"。历史学派的经济学家强调经济落后国家不能只追求短期经济发展速度，而应该把主要资源用在提高技术水平和生产水平，提高一国的"生产力水平"，实现由经济落后国家到经济发达国家的超越。当年德国采取了历史学派的经济政策主张，结果大家都是熟悉的。所以，关于今后中国经济发展道路和模式选择问题，还是需要深入研究的。

正如上面已经指出的，一种经济理论或学说的重要性，取决于所研究经济问题的重要性。20 世纪 30 年代以来，西方经济学研究的中心从英国转移到了美国，就是因为美国对世界经济的影响力日益超过了英国，因为西方国家经济发展中的问题集中反映在美国经济中。中国经济问题无疑是一流的经济学研究素材，中国正在进行的改革开放和经济发展，是经济研究的最大富矿。中国经济学家身处这种变革和发展的丰富实践之中，尽得近水楼台之便，这是西方经济学家所不具备的条件。正如张五常先生所说，之所以他的经济学成就超过了一般西方经济学家，就是因为他比西方的同事们多看了一个世界，即能够近距离地观察中国的改革开放和经济发展。如果一个经济学家希望自己的学说能够传世，目前没有哪个国家的经济学家像中国的经济学家这样，处于这样难得的历史时代和有利地点。只要中国经济学家把眼睛从国外转向国内，把中国改革开放和经济发展中的问题研究深、研究透，一定能够实现经济学理论的大突破，不仅能更好地为中国的现代化建设服务，同时也完全有可能建立起经济学的中国学派，为其他发展中国家提供经济理论借鉴，经济学说史上将写下中国经济学家的名字。对此，我深信不疑。

伍
经济学研究方法批判

正确地认识世界，必须要有科学的方法论。经济学的发展也必须以运用科学的研究方法为基本前提。20世纪90年代以来，在中国出现了"经济学的贫困"，一个根本的原因就是在经济学研究方法上出了大问题。本书试图对这方面的问题进行分析，并谈谈自己的体会和看法。

一、经济学研究的数学化

中国经济学界研究经济问题滥用数学方法，主要是受西方主流经济学界的影响，是盲目追随西方经济学家的结果。通过对现实经济问题的观察，运用归纳或演绎方法对经济问题进行分析研究，从而得出可以解释和预测经济现象的理论，这本来是经济学的传统。从亚当·斯密、大卫·李嘉图到马克思，再到新古典经济学的创立者，都是这样做的。

在20世纪30年代，奥地利学派及英国的杰文斯开始在经济学研究中大量运用数学方法，尔后瓦尔拉斯和美国的一些经济学家也在研究中进行了几乎纯数学推导的工作。但是，这时候数学方法还只是一种研究方法，不少经济学家仍在运用传统方法。"越战"爆发后的一段时间，美国一代年轻经济学家开始挑战老一代经济学家的权威地位，他们发挥数学基础好的优势，主要运用数学方法研究经济问题，并用数学模型表达自己的经济研究成果，受到了各经济学刊物的欢迎，美国经济学开始进入了以文章数量论英雄、以数学方法为主要方法的时代，一批年轻经济学家迅速名声鹊起。20 世纪 60 年代末期诺贝尔经济学奖设立以来，对经济学研究数学化起到了推波助澜的作用。据有的学者统计，从 1969 年首次颁发诺贝尔经济学奖到 2013 年，历届诺贝尔经济学奖得主中，只有哈耶克一人在研究中没有进行数学推导，85% 的获奖者在研究中运用了数学工具，75% 以上的诺贝尔经济学奖得主具有比较深厚的数学基础，17 位拥有数学学位。美国人主导的诺贝尔经济学奖这种评奖导向，不运用数学方法几乎没有获奖机会，对世界经济学界产生了重大影响，使得经济学数学化逐步成为了潮流。在西方国家，经济学研究逐渐陷入了数学化的泥潭，经济学正演化为数学的一个分支，对经济问题的深刻思考正让位于复杂的数学表述。有人讽刺说，马克思、斯密、熊彼特等伟大的经济学家如果参加今天的经济学大会，与会的经济学高手会很不耐烦地问：你的模型在哪里？斯密他们会为自己的经济学太落后而无地自容，不好意思再出席下次会议。也有可能，会议的组织者下次再也不屑邀请他们参加。

中国的改革开放和经济学发展进入到 90 年代（有学者研究，1992 年是重要的转折点），马克思主义经济学已经被一些经济学家所抛弃，西方经济学特别是新古典经济学在中国占据了学术主流地位。与"西方中心论"的学术思潮相伴随,中国经济学家唯恐被西方经济学界关在大门之外,迫不及待地希望得到西方经济学界的承认和青睐,提出了经济学要与国际接轨,要实现经济学的现代化、国际化、标准化。其中一个重要方面,就是在经济学研究方法上日益走向数学化的轨道。在中国经济学界,不运用数学的经济学研究,已经被排斥在主流经济学圈子之外,数理经济研究已经不再仅仅是经济研究的工具,而变成了研究的目的。在中国大学,现在经济学专业的硕士研究生、博士研究生的毕业论文中使用数学成硬性要求,如果不包含数学模型,就很难通过答辩,即使勉强通过,也算是一种不小的缺陷,很没有面子。对运用数学工具的刻意要求,使得一些研究成了闹剧。比如,为了求证"中国的外汇储备是否过大"这样一个人所共知的问题,学生要动用数种计量方法,寻找出 10 个变量进行数理推导;对于"现阶段中国对外直接投资是否应由中央企业主导"这种实证性很强的问题,不是通过对国内外经济环境、条件的分析以及实际案例研究寻找答案,而是弄出 N 个导数求导。不懂数学的人也很难在大学谋得一个经济学教职。在经济学术界,是否运用数学实际上成了衡量研究成果学术水平的重要标准,经济学论文如果没有数学分析和数学模型,在权威经济学期刊上很难有发表的机会。新世纪以后,已经有不少中国经济学家指出了运用数学工具研究经济问题存在的问题。主要包括:一是数学应用范围过泛过滥;二是对模型约束条件取舍过于随意；三是为刻意建立模型，对来自实际数据的采取，存在为我所用的实用主义。毫无疑问，中国主流经济学界在研究方法上，确实实现了与国际接轨，已经完全西方化了。

数学是一门纯粹的逻辑科学，它从一套初始公理或假设开始，运用逻辑法则推导出结论。在经济研究中运用数学方法主要有两种情况：一种是计量经济法，即从实际数据出发，使用数理经济的方法建立经济模型。一种是数理经济法，即从经济现象中提炼出一些假设，从这些假设出发，应用抽象的数学推导，给出反映经济现象的数学模型。应当指出，由于数学概念的高度抽象性、逻辑推理的严密性等特点，运用数学方法研究一些经济问题，实现数学与经济学的结合，有利于使经济学变得更加清晰、精确，逻辑推理更加严密，可以更好地解释经济现象，提高经济活动的效率和效益。比如，现实经济生活中大量存在的投资活动、企业管理、经济活动成果最优化等问题，运用数学方法研究，可以得出更加具体精确、可供操作的结论。但是，也必须指出，由于经济关系的非线性、变量的随机性、环境的不确定性，决定了数学方法在研究经济问题时的极大局限性。数学在经济学中的应用，绝不可能像在物理学中那样发挥作用。不少经济学家觉察到，利用数学模型研究经济问题，有非常致命的缺陷。数学模型不可能包含过多变量，必须假定有些变量是不变的，只分析少数几个变量的影响。但是，当经济学面对真实的世界时，如果模型

中舍弃的变量对分析结果实际上影响很大，利用模型推演
出的结论与真实世界完全风马牛不相及。对经济现象没有
解释作用和预测效力。事实上，现代西方经济学研究中许
多模型不仅舍弃掉了政治、历史、文化对经济现象的影响，
而且舍弃掉了许多对经济活动有重要影响的经济因素。实
际上，这些模型不过是精美的智力游戏而已，除了博得经
济学小圈子内的赞赏，没有多少认识价值。二是经济学的
作用不仅在于表述经济现实，还要能够预测未来。如果在
现实世界中不管用，那再精美的模型也是错误的。西方有
那么多经济学大家，然而对 20 世纪 90 年代下半叶的亚洲
金融危机、2008 年的美国金融危机的爆发没有几个人事先
提出警告，只有克鲁格曼对两次危机发出了预警。

　　正是看到了数学方法运用于经济研究的局限性，不少
有真知灼见的经济学家早就对这种经济学研究的数学化提
出了异议和批评。马歇尔曾经说过，数学可以检验我们的
直觉，并用来为分析结果进行速记。但随着研究进一步深
入，数学应该是一个陪衬。哈耶克在接受诺贝尔经济学奖
致辞时，对经济学研究中滥用数学表示了强烈的反感，指
出应用于物理学的数学，不能应用于经济学，否则会成为
人类智慧的障碍。张五常教授也尖锐地指出，数学应用于
经济学，不是没有作用，但思想的减少是其一般代价。20
世纪上半叶以前，那些对西方经济学做出重大贡献的经济
学大师们，主要用明快而深刻的语言表达他们的经济观点，
而少用数学公式。经济思想史专家指出，凯恩斯如数学家

那样思考，但却没有诉诸晦涩的符号和神秘的公式。马歇尔专门从事经济学教学和研究之前是学习数学的，然而在他表述经济学理论时，用的是外行人可以看得懂的语言，数学公式只是放在注脚中。经济学发展史表明，真正使经济学取得历史性发展的成就，不是靠数学方法取得的，还是要靠深刻的思想，靠逻辑的思辨，靠对现实经济生活的实际观察、思考，进行归纳推理工作。

在讨论经济学研究方法时，更为重要的是必须看到，研究对象决定研究方法，研究当代中国经济问题，不能主要运用数学方法，而必须更多地运用历史的、宏观的和长期动态分析的研究方法。现代西方经济学研究的是具体经济领域和技术性问题，因而更多地依赖数学手段，使经济学几乎成为了数学的分支。中国经济正处于大变革、大转型时期，传统计划经济体制向市场经济体制的转换，在世界上人口最多的发展中国家中建设现代化，这是一篇"宏大叙事"，需要的是穿透历史、烛照未来的大视野，是对经济宏观方面的把握以及对经济、政治、历史、文化之间复杂关系的科学分析，是经济思想的突破和经济学体系框架的重构。马克思主义经济学运用的历史的、逻辑的、由抽象到具体的研究方法，或者用主流经济学的术语说长期动态分析的研究方法，正是研究中国经济体制改革和经济发展问题所需要的强大理论武器。新古典经济学把政治经济学变成了经济学，把研究分析的重点集中于局部均衡，又把经济学变成了微观经济学。摒弃马克思主义经济学理论和方法，运用数学方法研究中国经济问题，显然方法与研究对象两者之间是不匹配的，数学工具驾驭这样重大的开创性课题是力不从心的，摆弄几个变量、建立几个数学模型，不能解释中国发生的经济大事件，不能预测中国未来经济体制和经济发展走向，提出经济发展的大战略和政策思路。

二、经济研究的微观化

中国经济体制改革和经济发展，是各种复杂经济关系的集合，必须从宏观的角度去把握。不仅如此，研究中国经济问题，还必须考虑历史、政治、文化等方面的制约与影响。从纯经济的角度去研究现阶段中国经济问题，往往不得要领。

正如上节指出的，研究中国经济问题，要根据研究对象和研究内容的特殊性，运用长期动态的研究方法，用全面的、运动的、相互联系的观点看问题，使研究对象与研究方法协调一致起来。

现在中国主流经济学界除了热衷于运用数学方法外，越来越把经济问题研究纯经济化，把经济问题研究微观化，随意抽象出几个经济变量，设定的约束条件尽可能收窄，进行孤立的研究，忽视经济问题的整体性，以及经济变化的联系性。比如在研究经济体制改革时，运用典型的新古典经济学研究方法，在不考虑公平正义前提下，研究如何实现"帕累托改进"，考虑改革措施时，片面追求效率，忽视公平正义，忽视了劳动者利益保护和利益增进。受这种观点的影响，为了提高企业效率，扭转企业生产经营困难，我国在20世纪末和21世纪初实行了国有企业大规模下岗分流，以牺牲工人就业和家庭生活保障为代价，换得了一些国有企业的发展壮大。当然，在当时的形势下，不改革国有企业就没有出路，但是国有企业体制机制不合理，不是工人的责任，不应该由工人承担历史的代价，应该对失业工人给予更好的社会保障安排，在经济利益上给予更大的补偿。但是，我们都知道，1998年以后几年里，各地解除劳动合同时给予工人的补偿，一般1万多块钱，在东北地区一个工人解除劳动合同只能得到8000元左右的补偿。这在国外是不可思议的事情。可以说，是中国的老百姓的深明大义和善良忍让，成全了中国国有企业改革。但是，这种做法，使广大下岗工人大失所望，对政府和党的信任度降低，留下了社会不安定的严重隐患，以后许多社会矛盾和冲突，都与这项改革的具体做法有关。

在经济发展政策上，从20世纪90年代到21世纪初，中国经济增长速度一直大大高于工资增长速度，财政收入增长速度又高于经济增长速度，社会保障支出增长速度则远低于财政增长速度和经济增长速度，在长达十几年时间里农民工工资水平没有显著提高。这种片面追求效率、片面追求经济增长速度和财政增长速度的经济思维，忽视了一个根本的问题，经济增长的目的是什么：是为发展而发展，还是发展为了人民。这种片面追求效率，不顾公平的

思维方式，在经济学界仍然根深蒂固。2012 年底，新的
《中华人民共和国劳动合同法》一经公布，经济学界可以说
是同仇敌忾，一致反对，说新劳动合同法限制了市场机制
作用的发挥，提高了企业成本，降低了企业竞争力，不利
于中国经济发展，要求重新修订或缓行。时任全国人大委
员长吴邦国，对这种论调十分气愤：中国两亿多农民工，
十几年来工资一分没涨，怎么没有人站出来说话？

　　这种把经济问题研究孤立化的现象在中国经济学界比
比皆是。关于农民进城后的土地特别是宅基地应不应该保
留，研究"三农"的专家主张必须保留，研究城镇化的专
家则认为应该交给集体或城市政府；关于农民工城镇居民
化问题，一方面专家认为农民工进城后就应该马上与城镇
居民享受一样待遇，另一方面专家则强调，农民工进城后
马上与城镇居民一样待遇，城镇承受不了，要稳步推进；
关于优化产业结构，研究服务业和第三产业的专家强调，
第三产业比重偏低是中国经济发展不科学的重要原因，要
迅速提高第三产业特别是现代服务业的比重，研究工业的
专家则强调，第三产业和服务业发展要以工业发展为基础，
人为地削弱工业要犯大错误；如此等等。似乎各方面所持
主张都有道理，关键是没有从经济全局和各种经济关系相
互联系的观点看问题，设定约束条件时都是为了得出对自
己观点有利的结论，不能解释和反映经济生活实际，综合
起来看都存在着谬误，因此不能在这些理论基础上制定可
行的经济政策。

必须强调的是，由于中国经济问题的复杂性，在研究过程中必须扩展分析的视野，不仅对经济因素进行分析研究，而且要深入分析政治、历史和文化等因素对经济运动的影响。邓小平同志早就指出，经济体制改革到了一定时候，必然要求政治体制改革。要从经济制度与政治制度的内在联系出发，从中国国情出发，研究提出政治体制改革的方向、路径和步骤等问题，使二者协调起来，相互配合。不同国家的历史传统对市场经济体制形成也有极大影响，对我国正在进行的经济体制改革也有很大制约作用。厉以宁先生通过比较经济史的研究，对资本主义起源进行了深入考察。他发现，由于世界各国封建制度的特点不同，市场经济的发育成长过程、市场经济的模式都会有很大区别。同样是封建制度，西欧国家具有刚性特征：横向上，劳动者被严格束缚在领主土地上，交易活动被限制在极小的范围内；纵向上，社会各阶层地位严格固化，不能上下流动，市场经济成长比较容易些。相反具有弹性特征的中国制度那，市场经济成长就困难得多。研究中国经济体制改革和经济发展，就要考虑中国特殊的历史遗产的影响。比如，说到未来的经济体制，必须让市场机制在资源配置中发挥根本性作用，但由于中国几千年中央集权的传统，人们习惯于服从权威，我国市场经济体制中政府的作用一定会比西方国家大得多。同样，文化对经济发展的影响也是巨大的。费孝通先生指出中国社会是"熟人社会"或者说"差序社会"，形成一个个人情圈子，在熟人圈子内，人们之间很热情、讲信用，超出熟人圈子，人们就缺乏相互信任，缺乏社会诚信。显然，市场经济发展取决于市场的扩大和分工的扩大，要求形成跨区域的全国统一市场，直至使各国市场联系起来，这种文化对市场经济的发展将会产生不利影响。

三、经济学研究的书斋化

英国经济学家埃尔弗雷德·艾克纳在《经济学为什么还不是一门科学》一书中，批评了经济学家的自我封闭和严重脱离经济生活实际的做法。他讽刺说："如果你问西方经济学家一个现实经济中的问题，他一定会这样回答，请不要和我谈论现实问题，我们是经济学家。"

西方经济学家不关注现实经济生活，是西方经济学的理论体系和构造方法决定的。西方经济学继承和延续了柏拉图、亚里士多德"本质先于存在"的唯心主义哲学传统。根据这种哲学观点，西方经济学先做出一个未经证实过的假设，即"人的本性都是自利"的，并用这个假设来说明具体的、细化的"经济人"行为模式，从而构造了整个西方经济学。由于在西方经济学中"经济人"假设是不证自明的，如果现实与经济学的假设不符合，那不是经济学的问题，而是现实经济生活不完美，不符合经济理论的约束条件。因此，建立在本来就未经证实的基本假设之上的西方经济学可以自我循环、自我封闭，不需要证实，经济学家不需要参与现实经济活动，经济学研究可以"不在现场"。

西方经济学这样的思维方式，受到了其他领域专家的质疑。比如罗素对经济学人是理性的这一重要假设就很不以为然。就是新古典经济学的阵营内，有的经济学家也对经济学的种种先验假设表示了怀疑。张五常教授一再指出，未经证实的理论都是没有用的。所以他要在除夕晚上到香港大街上卖橘子，观察价格变化情况；到海滩养蚝，了解界定产权对养殖业的影响；到华盛顿州的种植园访问，追究蜜蜂给苹果授粉，受益一方是否对养蜂人有所补偿等等。在《经济发展的真谛——再为大哥序》一文中回忆和评论张培刚对发展经济学的贡献时，他指出张培刚的经济发展理论当时并没有引起西方经济学界的关注，因为在西方国家没有人关心那个遥远的东方国家的发展问题。但是，说到哪一种理论对中国经济发展有用，所有的西方经济发展理论都不如"二张"的理论管用。因为张培刚曾经在农村干过放牛、砍柴、插秧的粗活，武汉大学毕业后参加过中国农业的实地调查，不仅是一个农业专家，而且深知中国农民的疾苦。张五常抗战时期在广西逃难时，也曾经放过牛、砍过柴，有着差不多被饿死的经历，对中国农村也有深刻的理解。张五常先生总结说："如果没有农村放牛的经历，我写不出《佃农理论》，大哥也写不出《农业与工业化》。"

在现时中国，有不少经济学者（包括身在国外、仍研究中国经济问题的学者）把经济研究的过程完全颠倒过来了：不去深入了解经济改革与发展的实际过程，去发现问题以及寻找解决问题的办法，再把成功的改革举措和发展政策给予经济理论解释，而是坐在书斋里，拿西方经济学原理去套中国的经济实践。如果按西方经济学去做失败了，那是中国的条件不符合所要求的约束条件。没有按照西方经济学家耳提面命而获得改革和发展成绩，则没有一般性意义，把这种现象抽象成经济理论，则没有普遍的学术价值，只不过是"二流"的经济学理论。所以，中国经济学家需要做的事情，就是引进西方经济学理论，并对照检查去做，用不着再去研究"国民财富的性质和原因（《国富论标题中的话》)"，不用深入到经济生活实践，去发现问题，解决问题，验证理论，创新理论。

杨小凯先生是很有成就的经济学家，在国内外经济学界都有一定影响。2004不幸英年早逝，令人扼腕兴叹。也许是长期在国外学习和工作的缘故，我猜想他对中国的现实变得日益隔膜了，以致在21世纪初提出了落后国家"后发劣势"假说，并发表了一番在我看来非常离谱的关于中国改革发展的意见。他在这个假说中提出，落后国家在技术上和制度上都落后于发达国家，落后国家模仿发达国家技术比较容易，模仿制度则比较难。这就是落后国家的"后发劣势"。落后国家应该先难后易，首先建立起英美国家的宪政体制，再模仿发达国家的技术，谋求经济发展。因为如果先模仿先进技术，虽然落后国家在短期内可以获得经济快速发展，但会强化制度惰性，给长期发展留下隐

患，导致长期发展成为不可能。由于中国没有进行根本的
宪政改革，而俄罗斯、东欧国家已经进行了宪政改革，虽
然中国20年来经济快速发展，但今后俄罗斯等国家的发展
成就将超过中国。我不知道有多少中国老百姓同意这样的
理论，但完全可以想象按照这样的理论去做中国会是什么
样子。又一个10年过去了，杨小凯预测的情况没有出现，
俄罗斯、乌克兰又陷入了新的政治危机，中国经济仍在继
续以较高速度发展，并正在转型升级，朝着更高发展质量
的方向前进。实践已经证明，这些经济学家的高论与邓小
平的经济改革发展思想，以及后来推行的改革发展政策相
比，真的不高明。中国人民应该庆幸，好在中国的事情不
是我们的一些经济学家说了算。

　　值得庆幸的是，在中国还有一批经济学家坚持"没有
调查就没有发言权"的"老套"，愿意深入到经济生活的第
一线，把多数时间用来进行"田野调查"，从对具体问题的
调查研究入手，从微观观察推断宏观整体，从日常经济现
象的变化中发现规律性的东西。从20世纪80年代开始，
费孝通先生多次到苏南进行实地调查，考察当时正在蓬勃
发展的乡镇企业，提出这种"离土不离乡"，农民同时又是
工人的发展模式，可能是中国工业化、现代化的一种重要
方式，要大力支持。虽然一直有人对这种发展模式颇有微
词，说这种"村村点火，户户冒烟"的工业发展方式不可
取，乡镇企业发展到后来大部分变成了民营性质企业，但
在中国工业发展历史上毕竟发挥了巨大作用，当时国家对

乡镇企业发展给予支持，是一项完全正确的政策选择，费孝通先生功不可没。北京大学周其仁教授虽然也是从美国回来的博士，但是坚持当年在农村发展所工作时向杜润生先生学来的研究方法，一有时间就去农村、去工厂，研究农地改革，研究电讯垄断，研究企业改革，成为北大最受欢迎的经济学教授之一，也为改革发展出了不少好点子，并为有关方面所接受。武汉大学辜胜阻、简新华教授带领研究团队多年坚持跟踪研究城镇化、流动人口和农民工问题，积累整理了大量第一手材料和数据，为国家决策提供了许多重要的政策建议。我自己通过对比研究高校毕业生就业意愿和具体数据，发现与20世纪90年代的全民经商潮形成鲜明对比的是，这些年他们更热衷于当公务员或到国有企业谋个工作。从这个现象可以推断，政府配置资源的作用增强了，而市场机制配置资源的作用削弱了，政府公务人员的政治经济地位相对提高了，国有企业在竞争中比私营企业具有更大的优势，通过个人创业获得成功变得更加困难了，我们的市场化改革还很不彻底，需要加快推进。同时，通过研究近年来民营企业家移民数量剧增的现象，我推断出现在企业生产经营的外部环境有所恶化，政府在资源配置中的作用有所增强，转变政府职能的改革进展很不理想，必须下大力气推进的结论。

生活自身永远比剧本更精彩。"进山访樵子，近水问渔夫。"要真正了解经济生活的秘密，从中发现经济发展的趋势与必然逻辑，在经济理论上有所建树，还是要放下贵族的身段，从书斋里走出来，到民间去，到丰富的经济生活第一线去，多看、多问、多思考。虽然这是一件更加艰苦的事情。这就看你对经济科学是否真的热爱，是否真的具备科学精神。

陆

经济学研究微观化批判

——兼论经济学向政治经济学的回归

一个时期以来，中国经济学界追随西方主流经济学潮流，经济学研究中的"科学主义"日渐盛行，经济学家热衷于纯经济研究，摒弃了历史的、动态的、全面的研究经济问题的政治经济学传统，研究的问题和视野越来越窄，经济学研究越来越趋向于微观化，完成了政治经济学向经济学的蜕变。本章将通过论述政治经济学的起源与传统，说明政治经济学是一门什么样的科学，分析政治经济学演化成经济学的过程，说明政治经济学变成经济学、经济研究微观化趋势不利于全面、深入、科学地研究中国面临的经济问题，为改革开放和经济建设服务，也不利于经济科学在中国的发展。

一、古典政治经济学的传统

"经济学"一词最早出现在古希腊历史学家色诺芬的著作中，本意是家庭财富管理，主要内容是如何管理奴隶劳动，以带来更多财富。法国古典政治经济学及重农学派先驱、法王路易十四的财政大臣布阿吉尔贝尔在《献给国王和王后的政治经济学》中，首次使用了"政治经济学"一词。在希腊语中，"政治"一词的原意是"国家的"、"社会的"。政治经济学的原意就是研究国家和整个社会财富增长的学问（鲁友章、李宗正《经济学说史》上，1979）。因此，亚当·斯密那部标志着古典政治经济学形成的经典著作，书名就叫做《国民财富的原因和性质研究》。

政治经济学从产生那天起，就把社会财富的性质和原因作为研究内容，决定了这门学科不仅要研究人与自然之间的关系，更重要的是研究财富创造、分配过程中人与人之间的关系。从政治经济学的先驱法国的重商主义、重农学派，到英国古典政治经济学的代表人物威廉·配第、亚当·斯密、大卫·李嘉图等，到马克思、恩格斯等马克思主义经典作家，再到现代的罗宾逊夫人、加尔布雷斯等非主流经济学家，都坚持了政治经济学的这一传统。一方面，他们研究了财富生产过程中人与自然的关系。斯密和马克思都深入分析了分工对提高经济效率的重要作用，马克思还极其重视生产过程中管理的作用，分析了在社会简单再生产和扩大再生产情况下生产部门之间、生产部门与非生产部门之间的比例关系以及对社会再生产正常进行的重要性。另一方面，古典经济学家还致力于社会经济关系的分析研究，把经济生活中人与人之间关系、经济制度、历史因素、价值判断作为经济分析的重要内容。16、17 世纪产生的法国重商主义经济学家，强调国家在经济中的作用，主张国家的干预是财富增加的保证，并把增加财富作为国家的主要作用，国家经济政策的目的是增加财富，财富的主要形态是金银。斯密从"经济人"假设出发，认为人的自利行为结果可以增进社会整体利益，因此提出发挥市场这只"看不见的手"的作用，可以实现社会需求与供给的平衡，主张建立自由市场制度。同时，他还强调道德对社会经济运行的重要作用。马克思在《资本论》中全面分析了资本主义制度下的社会经济关系，强调他与其他经济学家最重要的区别是，在资产阶级经济学家看到物的地方，他看到的是人与人的关系。马克思通过分析商品、货币、资本、利润等背后掩藏的经济关系，看到了生产过程、分配过程中工人阶级与资本家的对立，发现资本主义生产过程的本质是剩余价值生产过程，是资本家对工人的剥削过程，以及由此引起的资本主义社会生产力与生产关系之间不可调和的矛盾，得出了资本主义必然灭亡的历史结论，论证了无产阶级革命是剥夺剥夺者的行动，是完全正当的、正义的行为。新古典经济学占据主流地位以后，在大多数经济学家背离了政治经济学传统的情况下，剑桥大学罗宾逊夫人、美国制度学派经济学家等仍然十分重视制度性质、分配问题等制度方面的研究，指出了资本主义大公司制度、分配制度的不合理，并对这种分配制度进行了批评，因此被称为左派经济学家。

　　古典政治经济学家和马克思等人对人类经济活动的全面分析和研究，开创了人类认识的一个新领域，使人们对人类经济行为的理解、经济制度变迁的内在根据、经济效率提高的途径等一系列重大问题的认识前进到一个新的高度，从而使得人们主动地变革经济制度，提高经济效率，增加社会财富，增进人类福利成为可能，使政治经济学成为一门社会科学。在古典经济学家和马克思的时代，经济学出现了空前繁荣，政治经济学博大精深，是黄钟大吕式的学问。

二、"政治经济学"向"经济学"的蜕变

从 19 世纪到 20 世纪上半叶，"政治经济学"一步一步走向了"经济学"。以剑桥大学经济学教授马歇尔为代表，西方经济学家在亚当·斯密"经济人假设"和自由市场学说基础上，形成了一个关于自由市场的经济学体系。他们集中于微观经济分析，把制度当作不变的常量，只考察既定制度下稀缺资源的配置和效率问题。从 20 世纪下半叶开始，"政治经济学"这一概念逐渐被"经济学"所取代。

经济学说史上的这一重大变化，有着现实和思想的根源。

从思想领域看，经济学研究微观化是经济学界全盘接受经典物理学理念的结果。西方经济学界为了使经济学变成像自然科学那样的科学，或达到自然科学的"精确性"，把牛顿经典物理学的均衡概念照搬到了经济学中。他们从机械还原论和机械决定论出发，对牛顿经典力学的范式或借鉴、或模仿，把个人设定为无差异的"原子式"质点，把复杂的经济现象还原为抽象的个体行为，把普遍的经济联系割裂为彼此无关的自变量，从而建立起一整套"经济学机械力学"模式，即由经济人理性、生产技术和制度约束、可供使用的资源禀赋三个基本假设所构成的研究视角，其核心框架可以简单地表述为"约束条件下的最优化"。在

这个假想的范式中，牛顿绝对时空观统治了一切：时间空间是一维的、线性的，因果关系是教条的、凝固的，系统演化是机械的、可逆的，最终达到或者趋向于某种"呆滞的平衡"，从而忽视甚至根本否定了经济本质与经济现象之间的复杂联系以及经济规律自身各种可能的表现。这个自诩为"在世界范围内唯一被经济学家所接受的经济学范式"，与18世纪"以为他们利用物理的和机械的原理去给世界最后的解释的日子已经不远了"的百科全书派惊人的一致，同样的沾沾自喜，又同样的幼稚可爱。如果还有什么问题不能在这个框架内得到解释，经济学家就会说，那仅仅是因为数据资料还不够全面和充分，数学模型还不够精巧和复杂。

然而，西方经济学全面承袭了这种形而上学的理念，披上数学模式和演绎逻辑的外衣并不能使它进入科学的殿堂。因为，牛顿以后的物理学发生了革命，如波粒二象性、测不准原理，以及其后发生的系统科学、非线性科学的革命，已经打破了机械还原论和机械决定论的神话，物理学理论已经有了革命性的发展，主流经济学赖以建立的自然科学理论基础已经不复存在。同时，更重要的是，经济生活是极其丰富、复杂和不断变化的，不存在绝对的静态平衡，而不平衡是绝对的，与经典物理学描述的世界是完全不同的，建立在这种理念上的经济学不可能成为真正的科学。

从经济生活现实看，战后西方国家经济一度繁荣和相对平稳发展，为经济学研究微观化提供了现实土壤。在西方非马克思主义经济学中，有一个长期传统，即对市场作用和自由放任经济制度的深信不疑。20 世纪 30 年代以前，周期性爆发的经济危机，工人阶级争取自身权益的斗争，使得资本主义社会的各种矛盾不断激化，使得经济学家不得不思考经济制度方面的原因，不能完全抛开经济制度问题。然而，二次大战后，随着各国普遍实行凯恩斯主义经济政策主张，主要发达国家进入了经济相对平稳发展时期，社会矛盾也相对比较缓和，这给了西方经济学家一种幻觉，似乎西方市场经济接近完美状态，因而制度方面的研究不重要了，经济学变成了对现有社会制度进行辩护的意识形态，西方经济学逐步演化成一门解释社会现实中经济现象的实证科学，出现了彻底漠视政治经济学的氛围。正是因为西方主流经济学完全认同现有的经济制度的合理性，也就不再考虑社会制度变革问题以及制度对人们行为的影响，逐渐把研究焦点集中于人与自然的关系，把研究对象从公共领域转向私人领域，政治经济学从一门研究整个社会财富增长与分配的学问，变成了既定制度前提下研究优化资源配置的学问，讨论的问题主要包括消费者如何取得最大效用、厂商如何获得最大利润，并强调认为，通过市场机制和完全竞争能够实现一国资源的最佳配置。经过几代经济学家的努力，西方经济学终于变成了只专注于个人发财致富的微观技术。显然，由于解决个人领域的问题主要是如何使边际效用相等或使边际收益等于边际成本等技术性问题，在生产者和消费者了解了这些知识和理念后，其他的一切事情就应该留给更具有特定时间、特定地点以及特定知识的个人自己解决。经济学一旦实现了这种转化后，经济学家作用的空间也就很有限了，早期经济学家与经济现实的联系也就消失了。例如，奥地利学派的学者就认为，除了继续说服其他经济学家、政治家和公众相信自由放任是最好的政策外，经济学家其实已经无事可做了。正因为经济学与现实和伦理等方面的分离，经济学开始强调抽象的科学，并逐渐走上了数学化、模型化的道路，成为一些人士的智力游戏，经济理论与现实越来越脱节了。

2008下半年爆发的席卷全球的金融危机和经济危机，对西方经济学不啻晴天霹雳。危机的严峻现实说明，西方市场经济制度并不是尽善尽美的制度，经济制度方面及公共领域存在着大量问题，仅仅研究所谓私人领域的问题，一头扎进蜗牛壳，经济学就不能解释和预测经济运动实际，这样的经济学就会被人们所抛弃。这也是危机过后，马克思的《资本论》在西方国家重新成为热门书的根本原因。

三、经济学界对经济学微观化的反思与校正

政治经济学变成经济学，经济研究微观化、纯经济化，抽去影响经济运动的价值判断、政治、历史、文化等因素，不符合政治经济学的本来性质，难以胜任经济科学承担的任务。对此，经济思想史上一些有重要影响的经济学家有过明确的论述，也有一些经济学家与新古典经济学家分道

扬镳，为恢复政治经济学的本来面貌做出了努力。

在现实经济生活中，对因果关系能产生影响的因素很多，具体事实已经被重重包裹在复杂性之中。如果只对经济活动进行某一方面的分析，很难对现实做出正确的认识和解释。因此，需要从多个角度研究分析，使得不同方向射来的光照在同一事物上，以避免单一因素分析易于出现的系统偏差。对此，经济学的先辈们都有清楚的认识。马克思运用历史唯物主义研究方法透视资本主义经济制度，发现了这个制度的根本弊端，得出必然被社会主义制度代替的历史结论，开创了历史地、长期地、动态地研究经济问题的先河，这是大家都熟悉的，不用专门再介绍了。其他西方经济学家也早已对政治经济学的学科性质有清楚的认识，提出研究经济问题，总是与一定阶级或者集团利益联系在一起，离不开价值判断，不能忽视政治、文化等因素的影响。

约翰·穆勒很早就意识到：政治经济学内部的分歧，不在于事实上或细节上的差异，而在于人们对这门科学的哲学方法持有不同的观念，在于他们相信看到了不同的事物，更在于他们观察事物的角度不同。琼·罗宾逊夫人更断然指出，经济学绝不可能是一门完全纯粹的科学，而不掺杂人的价值标准。对经济问题进行观察的道德和政治观点，往往同所提出的问题甚至所使用的方法，那么不可分割地交缠在一起。"重商主义是海外贸易商的拥护者；重农主义者维护地主的利益；斯密和李嘉图相信资本家（他们投资获得的利润，会再投入生产过程，用于扩大生产）；马克思把他们的观点倒过来为工人辩护；现在，马歇尔站出来充当食利者的战士。"

针对主流经济学不考虑市场经济运行的条件尤其是制度条件、专注于研究所谓私人经济问题的倾向，罗纳德·科斯明确提出批评，反对这种"黑板上的经济学"，倡导"现实世界的经济学"。他把交易费用的思想运用到经济学的理论分析之中，也就在实际上把市场运行的基本制度条件引入到经济分析之中。在《企业的性质》一文中，科斯论述了什么是企业或厂商，为什么企业会存在。这篇论文的重要性，在于触及了从20世纪初开始并存的两大经济制度，即计划经济制度和市场经济制度问题。人类社会的生产到底应该实行计划经济，由一个"国家超级企业"来进行资源配置更有效率，还是由许许多多的企业竞争更有效率？这取决于利用市场的费用（交易费用）和企业的内部费用（或曰管理费用、组织费用）高低。这里，科斯研究的就不仅仅是企业的问题了，而是探讨了市场运行的基本原理和合理性这些基础性问题，从而探讨了到底是计划经济制度、还是市场经济制度哪一个更有效率，哪一个更能有效地配置资源的制度问题。由于科斯的理论对现实具有更强的解释力，自他的理论提出后，影响了许多经济学家，在科斯学说基础上发展起来的新制度经济学受到越来越多的关注。在20世纪90年代初，科斯就预言，未来几十年，可能所有经济学家都会变成制度经济学家。虽然科斯也属于新自由主义经济学的阵营，他的研究成果进一步证明了市场机制比计划机制更能有效地配置资源，因而政府干预经济是不利于效率提高的。但是，这起码说明了，真正有思想深度、有创造性的经济学家已经明确意识到，忽视制度问题研究，把市场经济制度当作天经地义，把政治经济学变成经济学，把经济问题研究微观化，这种研究路子再也走不通了。

近些年来，在西方经济学内部，还有一批经济学家打出了"新政治经济学"的旗帜。这些经济学家认为，在制度不变假设下研究"帕累托改进"是片面的。因为制度不变、不存在利益冲突的状态不是人类社会生活的唯一状态，甚至不是常态。更多的情况下，人们之间在兴趣、价值取向、利益方面存在着冲突。因此，新政治经济学研究如何在人类利益冲突的情境下，使某种正义原则与效率改进结合起来（汪丁丁，2013）。因此，新政治经济学重视经济演化过程的研究，寻求正义的本来意义，以及在坚持正义原则基础上实现效率改进。

2014年诺贝尔经济学奖授予了法国经济学家让·梯若尔。梯若尔新规制理论纠正了现实中存在的政府和市场的"双重失灵"，打开了阻碍市场效率的"制度黑箱"。与过去诺贝尔经济学奖重视一般均衡理论及经济计量问题不同，这次诺奖授予了研究现实经济制度问题的经济学家，体现了经济学研究向解决现实经济世界的回归。

由此看来，拓展研究经济问题的视野，实现经济学向政治经济学的回归，是经济科学进一步发展的必然选择，是今后经济学发展的潮流。

四、让经济学回归到政治经济学

在一些西方经济学家开始意识到政治经济学变成经济学所带来的问题，并进行着使经济学向政治经济学回归的努力时，中国经济学界正朝着经济学研究微观化的方向越走越远，为把政治经济学变成经济学进行着极大的努力。一些经济学家眼睛始终盯着西方主流经济学风向，追求经济研究的精确化、科学化，研究视野越收越窄，对经济问题研究中考虑政治、历史、文化、价值判断表示不屑，以进行所谓纯经济研究为荣。比如有的著名经济学家就一再声称，经济学研究不应该介入政治，反对把阶级利益观点纳入经济分析，反对经济分析掺杂价值判断，反对认为学术观点总是有阶级性的，什么阶级说什么话，一种思想一定代表某个特定的阶级，说这种带有强烈意识形态色彩的多元化逻辑否定普世价值，本身就是一种流毒，一种不符合科学精神的认识。其实，正如罗宾逊夫人等经济学家指出的，在社会科学领域，特别是经济科学是一门应用性很强的学科，从来不存在纯粹的学术。尽管一些经济学家声称不偏不倚的学术研究，但实际上他们提出的经济理论观点，还是明显地可以看出代表着某些特殊集团的利益。比如，在企业理论研究中，关于企业控制权剩余、收益权剩余的归属上，最新经济研究成果是主张考虑所有利益相关者，而有的经济学家则坚持这些剩余权利应该归属于企业家，主张由普通劳动者支付经济体制改革和企业改革需要的代价，因而被社会舆论指斥为是为权贵服务，是既得利益的代言人，中国资产阶级的鹰犬。进一步说，经济学家本人也是有利益的，在研究中会自觉不自觉地为自己的利益辩护，很难做到不偏不倚，很难不被价值观左右。

在当代中国，从"经济学"的视角而不是从"政治经济学"的视角研究经济问题，以及经济学研究倾向于微观化之所以不可取，更重要的是因为经济学家面临的研究对象、研究内容是中国的经济改革和发展，面临的是新的改革任务和经济发展转型，不能进行纯经济研究，必须按照政治经济学的传统，进行长期动态研究，充分考虑、政治、历史、文化等因素的影响。正如有的经济学家已经指出的，中国经济正处于大变革、大转型时期，传统计划经济体制向市场经济体制的转换，把现代化与13多亿人口结合起来，必将对人类历史产生深远而广泛的影响，这是一篇"宏大叙事"，需要的是穿透历史、烛照未来的大视野，是对经济宏观方面的把握以及对经济、政治、历史、文化之间复杂关系的科学分析，是经济思想的突破和经济学体系框架的重构。把政治经济学变成经济学，把研究分析的重点集中于局部均衡，摆弄几个变量、建立几个数学模型，显然与我们要研究的对象是不匹配的。这样的研究模式与研究视角，对驾驭这样重大的开创性课题是力不从心的，不能解释中国发生的经济大事件，不能预测中国未来经济体制和经济发展走向，提出经济发展的大战略和政策思路。

　　研究中国经济问题，如经济体制改革，必须从经济制度与政治制度的内在联系出发，从中国国情出发，研究提出政治体制改革的方向、路径和步骤等问题，使二者协调起来，相互配合。早在改革开放初期，邓小平同志就指出，经济体制改革如果没有政治体制改革相配合，就难以深入。事实上，政治体制改革的滞后比如干部管理制度的一些弊病，已经阻碍了经济体制改革的进一步深化。推进国有企业改革，要求企业成为自主经营、自主决策、自我约束、自我发展的市场主体，但目前企业重大经营决策，像企业确定主业仍然要由国有资产监督管理部门确认，企业领导人还要政府部门任命，中央企业中还有 53 家企业的领导人由中央组织部任命管理，这样选定的企业领导人不一定具有企业家素质，与企业市场主体地位和性质很不符合，使国有企业难以适应激烈的市场竞争环境，必然影响企业的发展。

　　不同国家的历史传统对市场经济体制形成也有极大影响，对我国正在进行的经济体制改革也有很大制约作用。厉以宁先生对资本主义起源及比较经济史的研究表明，由于世界各国封建制度的特点不同，市场经济的发育成长过程、市场经济的模式都会有很大区别。同样是封建制度，具有刚性特征的西欧国家（缺乏任何经济自由度，社会各阶层社会地位纵向上完全固化）市场经济成长比较容易些，而具有弹性特征的中国（有一定的经济自由度，社会成员相对地位纵向上有变动通道，比如科举取仕制度）市场经济成长就困难得多。研究中国经济体制改革和经济发展，就要考虑中国特殊的历史遗产的影响。比如，说到未来的经济体制，必须让市场机制在资源配置中发挥根本性作用，但由于中国几千年中央集权的传统，人们习惯于服从权威，我国市场经济体制中政府的作用一定会比西方国家大得多。同时，这种集权传统，政治权力与经济权力密切联系，你中有我、我中有你，决定了中国经济体制改革一定不能采取急风暴雨式的运动方式，不能在政治权力依然强大和集中的情况下，一夜之间就把政治权力的影响从经济领域中扫除干净，而必须在经济上进行渐进式改革，逐渐削弱政治权力对经济的影响，使经济活动按照经济规律运转。

同样，文化对经济发展的影响也是巨大的。费孝通先生指出中国社会是"熟人社会"或者说"差序社会"，形成一个个人情圈子，在熟人圈子内，人们之间很热情、讲信用，超出熟人圈子，人们就缺乏相互信任，缺乏社会诚信。显然，这种文化对市场经济的发展将会产生不利影响。所以，我国经济体制改革进行到今天，虽然市场已经发挥着重要作用，但是人情仍是企业发展的重要资源，熟人好办事的传统在企业经营管理中起着重要作用，存在"关系就是生产力"的不正常状况。因此，从一定意义上说，搞好企业的关键，还是先经营好关系。在考虑经济体制改革方案时，一方面要考虑如何打破这种人情关系，建立一种不依赖人情关系、而主要依靠改善经营管理、靠技术管理创新促进企业发展的新机制，同时要考虑中国传统社会人情关系的影响，设计改革方案。

柒

经济学研究评价标准批判

自然科学的评价标准是客观的，只要一种科学假设能够被重复验证，并得到同样的结果，就说明是科学的，就可以成为定律。社会科学则要复杂一些。但也要符合科学规范，可以证实或证伪。当一门学科开始万流归于一宗，以一种理论作为评价标准，这门学科就开始走向僵化、走向消亡。当存在一个凌驾于一切理论和思想之上的评价标准时，整个科学就走向了停滞，思想就会被窒息。这就是欧洲中世纪宗教统治极盛时期的思想学术状况。

本章从纯学术和经济生活现实两个维度，分析了西方主流经济学为何能在中国占了主导地位，并成了经济学研究的评价标准；对西方经济学赖以构建的前提和基础做了学术角度的质疑，并对西方经济学理论进行了现实验证，证明它还远不是一门严格的科学，不足以成为中国经济学研究的评价标准；最后介绍了国际上要求对主流经济学反思和改革的情况，以期引起国内学者的思考。

一、经济学国际化与本土化争论的背后

大概是 2005 年前后，中国经济学界曾经围绕经济学教学问题，就经济学本土化和国际化进行了一场激烈的争论。争论的焦点是要不要建立中国特色的经济学理论，大学经

济学教学中以哪一种经济学为主要内容。结果其中一方的观点占了上风：经济学的国际化与本土化问题，实际上是一般理论与特殊问题的关系问题。国际化就是指一般理论，本土化就是指特殊问题。国际化就是向一般理论接轨，向西方理论接轨，特殊化就是要考虑中国的特殊情况。不能因为有特殊情况就否认一般理论，一般理论是有普遍实用性和解释力的。结论是中国经济学研究要与国际接轨，实现国际化、标准化、西方化，融入西方主流经济学（刘国光，2005）。这大概是中国经济学界围绕经济学的评价标准，围绕哪一种经济学占据主流地位，进行的最后一次大的论战。自此以后，西方经济学的主流地位，没有再遇到大的挑战，西方经济学作为经济学研究的主要评价标准，似乎再也不是问题。

中国经济学研究评价标准的变化，与经济体制改革的实践是密切联系的。"文化大革命"结束后，中国共产党人坚持解放思想、实事求是原则，总结新中国成立以来我国和其他社会主义国家经济社会发展的经验教训，经过改革开放以来的不断探索，使我国经济体制改革的目标和未来经济体制模式逐步变得清晰，认识到我们要建立的经济体制，要使市场发挥重要作用，要进行市场取向的改革。在20世纪90年代初，邓小平同志指出："计划经济不等于社会主义，市场经济不等于资本主义，社会主义也有市场。"党的十四大确定中国经济体制改革的目标是建立社会主义市场经济体制，提出要使市场在社会主义宏观调控下发挥配置资源的基础性作用。党的十八届三中全会进一步提出，要使市场在资源配置中发挥决定性作用。随着我国经济体制改革的逐步深化，越来越向市场经济体制逼近，市场机制发挥的作用也越来越大，有效地促进了经济社会持续快速发展，一些经济学家抓住西方经济学是关于市场经济体制的经济理论与中国要进行市场取向改革这一表面联系，大做文章，大肆渲染，得出了如下结论：中国经济体制改革是在西方经济学指导之下进行的，中国经济体制改革的成功和经济发展的成绩，是西方经济学的胜利，今后中国的改革发展，不再需要马克思主义经济理论指导和其他经济理论研究活动，中国只要按照西方经济学理论去做就是了。

如果不去深究，这种观点似乎得到了中国经济体制改革与经济发展实践的支持。但事实上，说中国经济体制改革是在西方经济学理论指导下进行的，既不符合中国经济理论发展的实际，也不符合改革的历史实际。从十一届三中全会提出计划与市场相结合，到十二大提出计划经济为主、市场调节为辅，到十二届三中全会提出中国社会主义经济是公有制基础上的有计划的商品经济，到十三大提出有计划的商品经济是计划与市场的内在统一的体制，国家调控市场，市场引导企业，到十三届五中全会又提出计划经济与市场调节相结合，再到十四大提出经济体制改革目标是建立社会主义市场经济体制，主要是中国人总结我国的历史经验和教训，也参考了国外包括苏联的历史经验教训，得出的历史结论，不是西方经济学指导的结果。参与经济体制改革理论研究与政策设计的中国经济学家，如孙冶方、薛暮桥、顾准、卓炯等，都是坚定的马克思主义经济学家，不是受西方经济学理论左右的人。同时，中国要建立的市场经济体制，与西方经济学主张的市场经济有着根本的区别。我们要建立的是社会主义市场经济体制，要坚持以公有制为主体、多种所有制经济共同发展的基本经济制度，而不是私有化；要坚持国家宏观调控下发挥市场配置资源的决定性作用，而不是市场原教旨主义，主张市场万能论；要坚持为保证效率而适当拉开收入差距，同时强调社会公平、社会正义，建立社会保障制度，增进人民利益，而不是任由贫富差距无限扩大，甚至有意扩大社会贫富差距。要解决这些问题，不能靠西方经济学理论特别是新自由主义理论指导。遗憾的是，中国经济学界并没有抓住这些根本问题进行深入研究，提出令人信服的理论论述，中国经济学研究国际化、标准化、规范化论调没有遇到强有力的论战对手，似乎也没有得到官方舆论强有力的支持，使西方经济学轻而易举地占据了主流经济学地位。

在这样的大背景下，迎合西方主流经济学，成为中国经济学界的时尚。一些经济学家从研究内容到研究方法，再到学术规范，都以西方经济学为标杆，研究成果以得到西方经济学界承认为无上光荣。看一个经济学界人士及其研究成果的价值，不看是否对中国改革开放和经济建设实践有用，不看真正的理论与实践价值，而是看是否在国外杂志上发表，或被西方国家经济学杂志引用。即使那些主张要重视研究中国本土经济问题的经济学家，也认为有些经济理论和政策主张，虽然对中国改革发展发挥了很大作用，但不能算是学术，为这些成果没有国际化，没有在西方杂志上发表而遗憾。他们念兹在兹的还是如何对西方主流经济学发展做出贡献，如何得到西方经济学界的认可。

还需要指出的是，现在国内对诺贝尔经济学奖的追捧达到了痴迷的程度。一些经济学家认为，诺贝尔经济学奖是唯一能代表世界经济学先进水平的奖项，获得诺贝尔经济学奖是中国经济学界奋斗的目标。有的人还以先行者的口气说，我们这一代不行了，要培养下一代、再下一代经济学家获得诺贝尔经济学奖。由于不明就里，国家也给予诺贝尔经济学奖得主以极高的礼遇，有诺贝尔经济学奖得主到访，国家领导人甚至最高领导人都要接见。其实，只有设立这一奖项的国家瑞典对诺奖得主有这样的礼遇，一般国家都不会这样做。这实际上也助长了国内对诺贝尔经济学奖的盲目崇拜和渴望。明眼人都明白，诺贝尔经济学奖是绝不会授给研究马克思主义经济学的学者的。因此，要获得诺贝尔经济学奖，就必须学习研究西方经济学，在西方经济学的范围内、按西方经济学的学术规范进行研究工作，这就进一步巩固了西方经济学在中国的主流和统治地位。

二、西方经济学是一门科学吗？

中国经济学研究应该不应该以西方经济学作为评价标准？那要看西方经济学是不是科学。西方经济学是不是科学？一是要从科学规范的视角对西方经济学本身进行理论上的审视，二是要看它是否能够解释现实经济生活并预测经济运动变化趋势。

从纯学术视角进行分析，西方经济学目前还不是一门科学。西方经济学走到今天，对许多重大经济问题并没有给出科学答案。最近，一位研究经济史和经济学说史的英国经济学家指出，就解决宏观经济稳定、就业、收入分配、经济增长等重大的实际问题而言，经济学还是"没有有关这些问题的答案，并且从未做出过回答"。萨缪尔森的一位老校友说到西方经济学的现状时也指出，问题还是那些老问题，只是经济学的答案在不断改变。

下面进行一点具体分析。

首先，西方经济学中的一些重要理论甚至一些基本的前提、假设，是未经验证的，究竟能否站住脚，是可以提出疑问的。比如西方经济学有一个基本假设，即经济生活中的人都是理性的人，在一定约束条件下，总是能够做出使个人利益最大化的决策。正是无数个"经济人"的自利行为，带来了整体利益的最大化，使市场经济有效率地运行。对这个假设，大多数经济学家是深信不疑的，但是有的哲学家就不这样认为。罗素爵士就毫不客气地指出：

"据说人是一种理性的动物，我穷其一生在寻找这一观点的根据。"如果我们认真研究一下人类历史，就会发现人类历史上发生的许多大事件充分证明了个人理性不能保证整体理性。通过对我们身边人、身边事的观察，也不都支持人的决策都是理性的，都是有利于个人利益最大化的假设。

对经济学的理性假设，大家熟知的金融大鳄、经济学家索罗斯最近公开提出了疑问。在接受《新经济思潮（new economic thinking)》采访时，索罗斯认为："流行的有效市场假说——理性选择理论实际已经破产，与雷曼兄弟破产后全球金融体系的崩溃非常类似。"索罗斯称，需要重新思考经济学。"我们需要重新思考这个假设和公理，以及以这些为基础的经济学理论。因为经济学一直试图提出普遍有效的理论，就像牛顿的物理学一样。我认为那是不可能的，你需要有不同的方法和不同的可接受的标准来解释新问题。"

再比如，古典经济学甚至整个西方经济学都建立在亚当·斯密提出的一个假设上面，这就是，无数人的利己行为可以带来全体利益的增进，靠市场这只看不见的手的自发调节，可以实现市场供求的均衡。其实，对看不见的手是否能够实现市场供求均衡，斯密本人其实是没有把握的。一方面，关于看不见的手，是斯密在一个很不显著的地方提出来的，并没有像对分工的处理那样，进行充分论证；其次，斯密特别强调市场经济中道德约束的作用，就是对人的自利行为的后果不那么确定。所以，斯密认为自己首先是一个道德哲学家，然后才是经济学家。

另外，新古典经济学关于交易是平等的假设、关于不存在经济活动外部性假设、关于市场信息是充分的等假设，都是很难立住脚的。这里就不做进一步分析了。

其次，对当代西方经济学的成果进行认真盘点，与早期经济学大师的学术成果比，说明这门学科并没有多少实质性的进步。近二三十年来，西方经济学家多研究一些细枝末节的经济问题，或者研究一些技术性的问题，没有多少经济理论价值，经济学界也只有少数人感兴趣，其他领域的专家更不会感兴趣，以致这些年经济学家及其研究成果获得诺贝尔经济学奖以后，过不了两年，没有几个人能回忆起他们的名字和获奖成果的内容。比如，对2013年诺贝尔经济学获奖成果，有的网友就进行了评论。2013年诺贝尔经济学奖颁给了美国经济学家尤金·法马、拉尔斯·皮特·汉森和罗伯特·J.席勒。他们的研究成果说明，未来几天或几周时间里，股票和债券的价格是无法预测的，但预测这些价格在更长期限内的大致情况却是可能的，比如未来的三年至五年。他们还证明了最新信息将会异常迅速地影响到股票的价格。网友针对这一获奖成果批评说，当代经济学理论研究越来越无聊，将诺贝尔经济学奖送给几个经济学者，只不过因为他们论证了股票技术分析师近一个世纪来的常识，因为差不多所有的技术分析师都会告诉你，股票市场是不可预测的，你只能跟随市场趋势。这些年来，国内经常邀请国际上著名经济学家出席各种论坛，或专门请他们到中国就某一重要经济问题提出建议。我发现，他们的见解大多隔靴搔痒，不咸不淡，看不出比国内经济学家高明到哪里去，好吃好喝好玩，再拿个厚厚的红包离去，没有看见对中国经济产生什么重大积极影响。

三、西方主流经济学的"成绩单"

科学哲学认为，一种理论是否具有科学性，要看是否可以被证实或证伪。用我们中国习惯的说法，实践是检验真理的唯一标准（据说这一主张是胡适博士最早提出来的）。把西方经济学理论用现实检验一下，其科学性也是很成问题的。

在《经济学研究内容批判》一章中，我分析了用西方经济学理论指导经济体制改革，给俄罗斯及东欧国家带来的消极后果。这里我们再分析一下实行西方经济发展理论、特别是 20 世纪 80 年代以来实行新自由主义经济政策主张以及"华盛顿共识"给世界各国特别是发展中国家带来的灾难性后果。

最说明问题的是在新自由主义经济理论指导下，拉美国家、俄罗斯、东欧国家及亚非国家等发展中经济体的发展情况。李文最近发表的文章中对此进行了较为详细的评论（李文，2014）。新自由主义经济学经过 20 世纪七八十年代的发展，到 90 年代理论体系逐渐完备成型，核心就是"自由化、私有化、市场化"，并在"华盛顿共识"中得到集中体现。20 世纪 70 年代末、80 年代初，英国撒切尔政府和美国里根政府率先推行新自由主义经济政策主张，尔后在美国政府主导下并通过一些国际金融组织，先后在拉美、苏联、东欧国家推行。20世纪80年代中后期，在拉美一些国家爆发债务危机之际，美国迫使阿根廷等国接受以新自由主义为基础的"贝克计划"；此后美国政府及其主导下的国际金融机构还利用贷款的附加条件，强制拉美国家进行新自由主义经济改革。80年代末、90年代初，苏联、东欧国家发生剧变后，接受了美国经济学家的改革方案，全面实行"休克疗法"等新自由主义政策。在亚洲，受美国影响并在美国国会议员和知名经济学家的游说下，泰国、韩国、印度尼西亚、菲律宾等国从90年代初开始推行新自由主义改革。在非洲，80年代中后期，埃及等国为了得到国际金融机构的贷款，也被迫接受新自由主义结构调整方案。

这些国家推行新自由主义经济政策的结果，与美国及国际金融机构的许诺完全不同，造成了这些国家经济增长减速甚至停滞、国有资产流失和经济主权削弱、失业问题突出、全球结构失衡和金融泡沫膨胀、金融危机和经济危机频发。

比如经济增长的下滑和倒退。20世纪90年代后，拉美经济增长呈现前高后低、逐步衰退趋势：1991—1994年，经济增长率不足4%，1999年以后由于接连发生经济危机或金融动荡，1999年和2001年的经济增长率只有0.5%和0.3%。据联合国拉美经济委员会公布的数字，拉美

在世界经济总量中所占比重 1960 年为 8%，到 21 世纪初仅
为 4%。在俄罗斯和东欧地区，俄罗斯实行"休克疗法"后
的 10 年里经济大幅下滑：1989 年，俄罗斯国内生产总值
是中国的两倍多，而 10 年后仅为中国的三分之一。到
2003 年，该地区 26 个国家中，只有 7 个国家的国内生产
总值超过了 1990 年的水平，其中格鲁吉亚和摩尔多瓦的
国内生产总值只有 1990 年的 40%左右。世界银行的一份
报告也不得不承认，这次"转型萧条"比 20 世纪 30 年代
大危机造成的后果更为严重，相当于发生了一场大规模
战争。

　　再比如经济主权的旁落。大规模的私有化和迅速的自
由化、市场化，使得发展中国家的产业很快向私人资本特
别是外国资本集中。1992 年，阿根廷由外国资本控制的银
行资产仅占 12%，到 1997 年就上升到 52%。东欧大部分国
家的银行业和工业资本也为外国资本所控制，丧失了主导
权。在匈牙利、波兰、克罗地亚、捷克、爱沙尼亚、斯洛
伐克、斯洛文尼亚 7 国中，有 4 个国家外国资本占银行业
资本的 65%以上，有 3 个国家外国资本控制了工业的 50%
以上。

　　还比如失业的增加。实行新自由主义政策后，许多国
家以降低通货膨胀率、稳定经济和市场化为由，限制工会
权利、解除对劳动力市场的管制，结果出现失业率居高不
下的问题。1979 年撒切尔夫人上台时，英国的失业率为
4.5%，到 1981 年猛增至 9.1%，1985 年更高达 13%。

1945—1973 年间，美国平均失业率不足 4.5%，而 1974—1999 年间则为 6.6%。在拉美国家，高失业率与经济萧条同时发生。20 世纪 90 年代后期，巴西、阿根廷、智利、玻利维亚等国平均失业率都在 7%以上，到 21 世纪初，拉美平均失业率达到 9%以上，其中阿根廷 2002 年失业率高达23%。

推行新自由主义经济政策带来的灾难性后果，使得世界各国经济学家和政府开始觉悟起来。诺贝尔经济学奖获得者乔治·斯蒂格利茨撰文指出，新自由主义一直是为某些利益集团服务的政治信条，从来没有得到经济学理论的支撑。一些西方政要，也认识到了新自由主义的错误和危害。在 2009 年的 20 国集团峰会闭幕新闻发布会上，英国首相戈登·布朗公开宣布了"华盛顿共识"的终结。2009 年 2 月，澳大利亚总理陆克文专门撰文批判新自由主义，指出"本次危机正是过去 30 年来自由市场理论主宰经济政策的恶果"。广大民众以个人亲身经历逐步认识到新自由主义的危害。2001 年秋季美国爆发了大规模的"占领华尔街运动"，抗议华尔街金融大鳄的贪婪无耻，指责政府为了救助少数金融机构而使多数人陷入困境。这一行动还迅速蔓延到英国、法国、西班牙、日本等 80 多个国家和地区。从实践来看，一些原来奉行新自由主义经济政策的国家，纷纷改弦易辙，抛弃了新自由主义经济政策。在英国，撒切尔主义早已衰落，20 世纪 90 年代，英国在陷入经济衰退后即疏远了新自由主义；西欧诸国通过走"第三条道路"，也与新自由主义拉开了距离；1998 年美洲国家首脑会议明确提出，强调国家在社会发展及进程中的作用，减少经济改革的社会成本，并以此为核心内容形成了"圣地亚哥共识"，以取代"华盛顿共识"，此后经济增长逐步恢复。在俄罗斯，普京上台后，采取了加强国家干预、反击金融寡头对国家经济的控制，实际上宣布了新自由主义在俄罗斯的终结。

四、有用的经济学才是好的经济学

鉴于西方主流经济学理论上的缺陷和在实践中的失败，早在 20 世纪 90 年代，在西方经济学界就有人对新古典经济学的研究方法、理论体系和一统天下的状况提出了疑问。1993 年，一些经济学家和社会科学家成立了经济学多元论国际联合会。他们认为，新古典经济学的单一统治将对学术自由形成严重威胁，经济科学在理论和方法上都需要更大的多元化，要推动各种不同的方法和实践者开展更具有批判性和建设性的对话。

在世界范围内对新古典经济学形成激烈冲击的，是在 21 世纪初兴起的"经济学改革国际运动（POST—ANTISTIC ECONOMICS）"（贾根良，2011）。"ANTISTIC"可译为"我向思考"，是一个心理学词汇，指的是一种自我封闭、离群索居的思索。这也是"经济学国际改革运动"的发起者对西方主流经济学存在问题的诊断。这一运动开始于 2000 年 7 月，当时法国一批学习经济学的学生在因特网上发表了一封致经济学教授的请愿书，反对目前经济学教学中流行的状态：没有控制的使用数学，数学本身已成为一种目标；新古典经济学理论及其方法在课程表中占压倒性地位；武断的教学方式，不允许批判性和反思性的思考。法国学生呼吁结束这种状态，提出经济学要面向经验的和具体的经济现实，采用科学的而不是科学主义的态度，坚持经济学方法论的多元化。为了从离群索居的经济学思考和对社会不负责任的状态中拯救经济学，学生们呼吁经济学教授们发动改革。2001 年 7 月，英国剑桥大学的 27 名博士发表了"开放经济学"的公开信，到 2002 年 4 月，在公开信上签名的已经超过 600 多人。2001 年 8 月，在美国堪萨斯城密苏里大学，来自 20 多个国家的 75 名学生、研究人员和教授对经济学的状态进行了为期一周的讨论，发表了《堪萨斯宣言》，请求世界各地的经济学家克服有关人类行为的僵化观念，在研究中考虑文化、历史和方法论问题，开展科学对话。这场由青年学生发起的反思主流经济学的运动引起了法国政府的重视，法国教育部要求对经济学教学情况进行调查，也得到了不少经济学界人士的支持，当时法国有 200 多名经济学教授公开支持学生的请求，著名经济学界家加尔布雷思专程飞到法国声援法国学生的请愿运动。各国媒体也对这场运动进行了报道和评述，有的媒体指出，自 20 世纪 30 年代大危机以来，经济学从未遇到如此严重的危机。

　　然而，正当国外经济学界对西方主流经济学提出疑问和反思的时候，在国内正是中国经济学家推动所谓经济学国际化、现代化、标准化的时候，正是西方主流经济学稳居主导地位的时候。与美国新自由主义经济学家一样，国内的主流经济学圈子采取了同样的"鸵鸟政策"，对这场经济学的国际改革运动不闻不问；或者也摆出正统经济学的傲慢姿态，对国外的这场运动不屑一顾，依然奉行新古典经济学的原则，压制争论，排除异端，以西方经济学为经济学研究的评价标准。

　　分析和介绍到这里，我们对中国经济学研究的评价标准应该做出一个结论。西方主流经济学并不是评判经济学研究价值的标准，检验经济学研究是否有价值，主要的还是看是否对我国正在进行的经济体制改革和经济发展有没有价值。中国经济学要发展，必须打破这种外国月亮比中国圆的盲目崇洋的幼稚心理。中国的事情还是要靠中国人自己拿主意，中国经济学发展还是要走自己的路，不必处处仰人鼻息。只要中国经济学家提出的理论和政策建议，对中国经济改革和发展有用，有利于增进中国人民的福祉，西方经济学界欣赏与否，得不得诺贝尔经济学奖，真的有那么重要吗？

捌

经济学研究环境批判

　　实行改革开放以来，经济学在中国一度成为"显学"，各大学都设立了经济学院或经济学专业，迄今已有成千上万的经济学专业本科生、研究生毕业，形成了一支庞大的经济学研究队伍，与改革开放初期相比可谓蔚为大观。与此同时，1978 年以来，中国正在进行着人类历史上一场极其重要的社会实验。在一个社会主义国家实行经济体制改革，革除传统计划体制弊端，探索建立符合经济发展的客观规律又与中国特殊国情相适应的经济体制，是前无古人的大事件。在一个拥有 13 亿多人口、人均占有资源大大低于世界平均水平、城乡及地区之间经济发展严重不平衡的发展中大国建设社会主义现代化，也是一项扰动人类历史的"宏大叙事"。经济问题本身的重要性，决定了经济研究的理论学术价值。中国面临的经济问题，是经济学研究从未遇到过的问题；中国发生的经济制度变革和经济发展奇迹，以往的经济学知识都难以给出科学的解释；中国经济体制改革如何深化，经济发展道路如何走，需要更大的经济智慧予以回答。研究中国经济问题，应该能够促进经济科学实现新的发展。中国经济学家得近水楼台之便，应该能够在经济理论创新上有所作为。工业革命蓬勃发展时期产生了亚当·斯密的古典经济学，工业革命造成的后果与资本主义经济制度相结合导致的贫富差距急剧扩大，产生了马克思主义经济学；资本主义世界空前严重的大萧条、大危机，催生了凯恩斯主义经济学。与经济学发展史上大师出现的经济环境相比较，中国当前所处的历史时期更重要，对世界经济发展的影响更大，研究中国经济问题，可以而且应该产生经济学的大师级人物。

钱学森先生晚年曾向温家宝总理提出了一个问题：新中国为什么没有产生学术上的大师级人物。是为"世纪之问"。这一质问，也是对中国经济学界的拷问：就中国经济问题的重要性和中国经济问题研究的学术价值而言，应该能够产生经济学大师，为什么目前为止还没有产生大师级人物？依我看，中国推进改革开放和现代化建设，这是占了"天时"；中国经济学家身处改革开放和经济起飞的现实之中，是得了"地利"。但是，中国经济学研究缺少的是"人和"：中国目前经济学研究的环境阻碍了或者窒息了经济学理论的重大创新。不改变这种研究环境，在中国不可能产生经济学大师。

需要指出的是，这里所说的大师，不一定是获得诺贝尔经济学奖的经济学家。但要能够提出一种经济学学说，可以科学解释中国正在发生的经济变化，能够预测中国经济体制创新的走向和经济发展的未来趋势，并对改革开放和经济建设有正确的指导作用，影响13亿多人的命运。就是说只要能提出对中国经济改革和发展真正有用的经济理论的经济学家，都可以算作是大师，至于西方经济学界是否承认，我认为并不重要。

一、以论文数量论英雄

人需要吃饭。经济学家也要吃饭。如果经济学家想吃得好一点，再有点名气，就需要当上教授、研究员。在中国当前情况下，要想晋升职称和提升人气，就必须多发表论文，多出版著作。中国学术界现在是以论文数量论英雄的时代。袁隆平当院士过程的戏剧性，就是典型的例子。当年袁隆平申请科学院院士时，有一些科学家提出，袁隆平没有公开发表几篇论文，坚决反对他当院士，第一次申请居然没有评上。第二年评审院士时，朱镕基总理出来说话了：如果袁隆平这样的人当不上院士，我看院士制度在中国就没有必要存在了。这样，袁隆平才当上了工程院院士。整个学术界情况是这样，经济学界的情况也是如此。

众所周知，科学研究是一种特殊的创造活动，遵循科学特殊的发展规律。科学研究不是工业生产，不能实行计件工资制。在某些工业生产环节实行计件工资制，能够比较准确地衡量劳动者投入的劳动和贡献，有利于调动劳动者积极性。而作为精神生产的科学研究活动，其价值决不能用生产数量来衡量。科学研究看似是灵机一动，计上心来，实际上需要长期积累，反复思考，厚积薄发，才能达到"众里寻他千百度，蓦然回首，那人却在灯火阑珊处"的境界。那些在学术史上留下光辉名字的大师级人物，能让人记住的通常是一部或少数几篇文章。马克思倾尽毕生精力创作出鸿篇巨著《资本论》（马克思生前实际上没有最后完成。第二、三卷是马克思过世后，他的忠诚朋友恩格斯对手稿精心整理后出版的），因而改变了人类历史进程。罗纳德·科斯获得诺贝尔经济学奖，不过是因为两篇文章：一篇是《企业的性质》，一篇是《社会成本问题》。根据经验，一个学者一生能在一个或少数领域有一点突破就很不容易了。在学术生涯高峰期，一年能写出一两篇真正有价值的论文就很难得了。在以论文数量论英雄的大环境下，经济学研究者很难沉下心来，认真选择有价值的研究课题，系统阅读文献、搜集资料，深入实际调查研究，逐步形成观点，并反复推敲，反复修改，广泛征求意见和看法，而是急于求成，不管理论假设能不能站住脚，文章观点有没有创见，都拿去发表。这样的所谓成果只能是粗制滥造，滥竽充数，多数文章是垃圾，不会有什么科学价值。现在国内有的学者一年可以发表十几篇甚至更多文章，基本可以断定不会有什么新鲜创见。正由于这种现状，这些年，我基本上不看学术刊物上的文章，因为我不相信读这些文章会对我有所启发和教益，只会浪费宝贵时间。

以论文数量论英雄，必然导致两种后果：一种是千古文章一大抄，就看会抄不会抄，大量文章是重复研究，大家在原来的水平上做无效劳动。另一种情况是，学者们不可能总是有创见，又需要通过发表文章成名成家，晋升职称，只能造假和剽窃。近年来不断爆出研究人员、大学教授文章和博士论文造假、剽窃丑闻，弄得斯文扫地，败坏了学术气氛和知识分子的声誉。

　　造成以论文数量论英雄学术氛围的原因，我以为有两条：一是这是从西方传过来的。在 20 世纪 60 年代以前，西方经济学界是不以数量看水平的。张五常、周其仁先生回忆他们在加州大学洛杉矶分校学习时，曾经提到过的一些著名经济学教授，有的就没有多少论文形态的成果。如戴维斯教授，只有不多的几篇高质量文章问世，但他却具有深厚的经济学功底，主要是靠口授传播他的经济学理论，使几代经济学学子深受教益，在学校和经济学界备受尊重。放在今天的中国，他很有可能当不上经济学教授。60 年代越战爆发后，一批年轻的经济学家对老一代经济学家不服气，认为他们既不懂数学，也没有多少论文发表，于是利用数学工具研究和撰写论文，并且得到了经济学学术刊物的青睐，很快在经济学界声名鹊起，从而在美国经济学界开创了运用数学作为研究工具、以论文数量论英雄的不良风气。随着西风东渐，中国不但引进了西方经济学，而且把西方经济学界的这一弊病也引进来了。要知道，在中国学术界，以前是没有这种陋习的。民国时期至"文革"前，学术界看一个人的水平，主要不是看发表文章数量，而是看是不是真正有见解、有创新。二是官僚治校带来的恶果。大学是学术研究的摇篮。现在中国的大学不是专家治校，而是官僚治校。执掌大学权力的不一定是真正的学者，自己本身就没有真才实学，但也要当教授，也要发表文章，就顾不上文章质量了。自己就是劣质产品的制造者，怎么好意思去五十步笑百步？有什么底气去打假呢？由于行政官僚治校，对于文章是否有科学价值，无从判断，只好看教师发表文章的数量，决定哪一个该晋升职称，哪一个不能晋升。

二、西方主流经济学一统天下

社会科学发展的前提条件是学术民主和学术平等，使不同的学术观点相互交流、相互碰撞，通过平等的辩论，相互得到启发和激发，从而产生新的学术观点，或者使原来不够完善的理论观点变得更加完善。

科斯一直对中国保持友善。在去世前，他对中国 20 多年取得的发展成就表示了钦佩，也指出中国今后真正的危险是缺乏思想的市场。我理解，大师关于中国需要思想市场的真正所指，就是要有不同观点的自由表达，包括学术自由、出版自由，以及相互的竞争。如果在一个社会科学领域中，一种学术流派居于主导和统治地位，万流归于一宗，大家都持相似的学术观点，衡量学术水平以一种理论作为评价标准，这门学科就会走向僵化停滞，最后走向消亡。我自己认为，中国要有思想市场，并不是说中国缺乏思想，只能从西方进口思想，而是要求中国的经济学家解放思想，坚持经济学研究方法多元化，针对经济改革和发展中的问题进行理论创新。

中国现在经济学界基本上是西方主流经济学的一统天下，占主导地位的是西方新古典经济学。这是一种以市场化、自由化、私有化为主线的经济学理论。应当承认，以这种理论为出发点研究中国经济体制改革，在中国确立以建立社会主义市场体制为经济体制改革目标中发挥了作用。但是当这种经济学流派占了统治地位，并且获得了唯我独尊的地位以后，这时的学术环境却不利于中国经济学研究，对经济理论创新起到了阻碍和窒息作用。

首先，新古典经济学是以维护制度现状为特征的，那就是以目前西方形成的市场经济体制为理想的经济制度，在不触动这个经济制度的前提下进行经济研究。实际上，新古典经济学的主要任务是对西方市场经济制度的理论解释，它的主要成就是论证成熟市场经济体制下各种经济关系之间达到均衡的条件，是论证这种经济制度的合理性。而中国经济学家面对的是变化的世界，面对的是改革开放和日新月异的经济发展，中国经济学研究面临的任务是打破原来的均衡，建立新的均衡。不是要维护原有的制度，而是要建立新的经济制度。不仅要认识世界，而且要改造世界。有的经济学者认为中国经济体制改革问题没有什么值得研究，无非是复制西方模式，这实在大轻薄了。（1）中国经济体制改革能不能简单复制西方模式，这是一个严肃的重大问题。由于中国特殊的经济前提条件和历史、政治、文化传统，决定了中国的经济体制不可能完全照搬西方经济体制，中国建立的市场经济体制一定与西方现有体制有一定区别。（2）即使中国要建立的经济体制最终将是市场在资源配置发挥根本性作用，但是这个体制建立的过程有许多复杂的问题需要研究，必然与西方市场经济体制建立过程有重大区别，也许这是中国经济体制改革真正复杂和精彩的部分（加里·杰弗逊，2012），值得经济学家竭尽心力深入研究。照搬西方经济体制建立过程，或者像俄罗斯及东欧国家那样实行"休克疗法"，未必能够顺利建立，或者将付出极其惨重的代价。因此，研究中国经济问题不能以新古典经济学为指导。在新古典经济学占统治地位，人们都以新古典经济学的方法、观点来研究中国经济问题，难以发现中国经济转型的内在规律，实现经济学理论的发展。

其次，在中国经济学界，虽然西方主流经济学的主导地位并没有得到官方公开认可，官方承认的主流经济学仍然是马克思主义经济学，主流经济学家也没有行政权力禁止其他经济学流派发表自己的主张，但是新古典经济学事实上处于主导地位。这种主流地位是在人们不知不觉中逐渐确立的。大家都知道，20多年来，大学经济学专业教学中，早已不开设马克思主义经济学，希克斯、罗宾逊、斯拉法等非主流经济学家的的学说也不再教授，只讲授新古典经济学，培养的学生都是西方主流经济学的信徒，成为大学讲坛、新闻媒体、出版物和研究机构的中坚力量。从西方回来的一大批经济学者，大都是新古典经济学的门徒，目前已成为经济学界的头面人物。新古典经济学事实上一统天下局面的形成，在客观上抑制了经济学术民主和自由。在中国经济学界，如果不以西方主流经济学的规范进行经济问题研究，成果很难出版或在刊物上发表。有一位重要经济刊物的负责人曾经表示，要坚持西方学术规范，不符合这种规范的文章，包括不运用数学工具、论文中不包含模型，是绝不能刊登的。持非主流经济学观点的经济学家，很难被邀请在各种论坛上发表自己的主张。与主流经济学相左的观点，会受到围攻。比如林毅夫的新结构经济学学术观点以及对改革开放后经济政策的评价、郎咸平关于国有企业改革的观点，都受到了众多经济学家的批评，而支持的声音则相对微弱。至于林毅夫、郎咸平是否正确，这并不重要，关键是这种拒绝多元化、排斥异己的做法，会扼杀经济科学发展的活力。

三、经济学家的追名逐利

科学是一项寂寞的事业。哗众取宠，吸引眼球，占尽风光，那是政客的本事，不是学者的本分。进行科学研究，必须保持独立性，不能陷入名利场。否则就会沦为小丑和帮闲。钱理群先生在一篇回忆导师王遥教授的文章中写到，老师当年谈知识分子时，曾经说过一句话："知识分子，他首先要有知识，其次，他是分子。所谓分子，就是独立性，否则分子不独立，知识也会变味。"今天的经济学家中，可能"分子"少了，知识不仅变味了，也变得越来越少了。

最近看到一篇对一位在国内有一定影响的经济学家的采访。这位经济学家似乎对自己整天出席各种论坛、演讲，成为社会公众人物非常得意，用自嘲也是自得的口吻说，我现在不是一个搞研究的人，而是一个社会活动家。

这在现在的中国不是个别现象，有一点名气的经济学家都难得自甘寂寞，真正坐下来研究学问，而成了追名逐利之徒。有的经济学家希望自己的经济成果被官方关注，在大学里、研究机构或社会上谋个一官半职，因此一味迎合官方，喜欢做命题作文，上面希望什么样的观点，研究成果就会得出相同的结论。

经济研究总是涉及一定的利益关系，这种利害关系本来就很容易影响经济研究的客观性、科学性。现在社会上处于强势地位的利益集团，不惜代价雇佣最有名望的经济学家，为他们的经济利益辩护，与那些待价而沽的经济学家正好一拍即合。于是，有的经济学家以作为既得利益集团的利益代言人为代价，在多家上市公司担任独立董事，按月领取报酬，直接参与公司上市，靠购买原始股、内部信息，操纵股市，自己和子女都发了横财。吃了人家的嘴软，拿了人家的手短，就不顾学术的独立性、科学性，处处站在富人立场上说话，用所谓经济学理论为富人巧取豪夺、为富不仁辩护，公然为富欺贫、强凌弱张目。

有的经济学家热衷于出席各种论坛、讲座，在大众媒体上混个眼熟，以成为社会名流为荣，整天忙得团团转，难得有时间给学生上课和进行研究。有的著名大学，一个学期研究生难得见上老师一面，本科生四年难得听到名师们讲一课。有的经济学家根本没有时间做研究，拿到国家资助的课题后，交给研究生去做，成果和经费归自己，学生成了打工崽，导师成了包工头，以致现在有的学生不称导师为老师，而是叫"老板"。结果研究成果不过是文献堆积，连硕士研究生毕业论文的水平都达不到，"老板"们照样在研究成果上签字画押。

我们还可以引用上述钱理群先生文章中王遥先生的一段话，为今天一部分经济学家立此存照："有些知识分子很聪明，开始时也很用功，在学术上确实做出了一些成绩，取得了一定的学术地位。然后，就吃老本，不再做学问了，而是到处开会、演说、发言、表态，以求最大限度地博取名声，取得政治、经济上的好处。这就成了'社会活动家'了，却还要打着'学者'的旗号。这时候，学术就不再是学术，而成了资本了。当年的研究，不过是一种投资，现在就要获得最大的利息了。"到了这个地步，经济学圈子，就不再是学术圈子，而变成了生意圈子。市场里讲的是盈利，讲学术发展，谁和你扯那个淡。

庄子说："名者公器也，不可以多取。"这就是说，名声是公器，属于公共财富，不能多取；有了名声，必须为大众谋利益，而不能谋一己私利。经济学家不能过于求名，过则为贪；著名经济学家拥有的名声也是公共财富，不能变成个人发财的手段，否则伤廉。这样做都必然为世人所不齿。这些年，媒体上对一些著名经济学家的讨伐之声不绝于耳，中国经济学界不能充耳不闻，应该进行一番深刻反思，应该收敛一点、自重一点了。

四、经济学教育之罪

2010 年 10 月 7 日，中国著名语言学家周有光（现在才知道周先生大学是主修经济学的，50 岁之前在银行界和经济学界工作，50 岁以后才改行从事语言文字研究）接受了马国川的采访，就中国为什么出不了大师发表了意见。在周先生看来，中国出不了大师，重要原因是中国教育还没有遵循教育的规律，走上一条新道路。近现代的教育传统是 LIBERAL EDUCATION，即"通识教育"，主要包括两个方面：一是大学应该重视基础知识教育，使学生打下广博的知识基础，形成广泛爱好；二是强调学生学习逻辑思维，培养独立思考的能力和创造力，学会自学和研究问题的方法。反观中国的大学教育，则从根本上违背了教育规律。

20 世纪 50 年代，中国照搬苏联的教育模式，完全打破了原来的教育体系，实行院系调整，把所有的学校当成零部件拆开，按照苏联的模式重新组装，成立许多专业院校，专业分工越来越细，进行专才教育，教育目标是学生从大学出来就是某一方面的专家，因而课程设置过于专业化，忽视基础知识特别是文史和社会科学知识教育。这种教育模式培养出来的学生，可以是很好的工程师、会计师等，但不会有多大的创造力，不会成为大师级人物。因为，科学创造活动如同盖楼房，基础越深、越扎实，楼房才能盖得越高。科学创造活动需要有广阔的视野和思想的活跃，可以触类旁通，从不同领域的知识获得启发和灵感。打个比方，从小河沟出发，永远走不远，从大海出发，才能通往广阔的世界远方。现在大学的经济学教育也是这种传统教育方式，学生只是懂得经济学原理，受西方经济学影响，有的可能数学好一点，但自然科学知识和文化、历史、政治等知识贫乏，培养了一批"有学问而没有文化"的人，思维既不周延，也不深邃，不可能在经济学研究方面做出大的成就。

中国从小学到大学，进行的基本上是灌输式教育，不注意培养学生独立思考能力，也不注意培养学生研究问题的能力，扼杀了学生创造力的发挥。在高考指挥棒的指挥下，小学生一个字要写几十遍，中学生同样一道题要重复做几十遍，学生大量时间在做重复和无效劳动，所有问题都有标准答案，不允许学生有任何自我发挥余地。这样的教育模式培养的学生，即使是优秀学生，也不过是高分低能儿。不要说中学生，大学毕业生也写不出一篇像样的研究文章。而在美国，小学生都会写出像模像样的研究性文章。所以，现在中国学生到国外留学，都有一个艰难的适应过程，关键是调整学习方法。针对现在的教育弊病，不少专家提出过批评。著名作家王蒙曾对中国的语文教育提出过严肃批评。指出现在的中学语文考试，他也不一定能及格。比如"秋天到了"，下面填空时写上"树叶落了"是错误的，因为标准答案是"树叶黄了"。尽管社会对当前教育状况普遍不满，但中国教育体制、教育方式方法依然故我，情况没有任何改变和改善。于是人们就用脚投票，纷纷把孩子送到国外读书。以前是大学毕业后送出去，近年来年龄越来越提前，初中毕业甚至从小学就送走了。所以，中国的教育制度不进行彻底改革，中国的科学事业就得不到真正发展，永远出不了大师，经济学也是如此。

除了上述分析，在中国还缺乏真正的学术民主和学术自由，这是阻碍经济学理论发展的重要因素。

一般而言，人类思维经历过三个阶段：第一个阶段是神学思维，神学思维都是迷信；第二个阶段是玄学思维，玄学思维是信仰；第三阶段是科学思维，科学思维是讲实证的，要能够经得起实践的检验。意识形态属于玄学思维，关系信仰，不是科学范畴。如果把意识形态和科学研究混为一谈，要求科学研究服从于意识形态，与意识形态完全一致起来，进行真正的科学思维和科学研究活动就成为不可能的事情。应当说，改革开放以来，我国学术自由与学术民主气氛远比"文化大革命"前后浓厚多了。特别是改革开放初期，提倡解放思想，实事求是，彻底否定"文化大革命"，冲破"左"的思想禁锢，思想理论界出现了百花齐放的活跃局面，在理论上实现了一系列突破，为改革开放提供了思想武器。但是，在一个一度"左"的思想横行的国家，意识形态领先的思维方式很难彻底改变，总有那么一些人习惯于用领导意识形态工作的方式来对待学术研究，把学术问题上升到政治问题，使得一批学者不敢大胆探索，只能附和官方观点。戴着镣铐跳舞的舞者，还能期待他有什么精彩发挥吗？科学研究人员是通过研究创新活动为国家服务，国家要有信仰，保持一定意识形态，是宣传部门的事情，要求科学研究人员完全与意识形态保持一致，实际上就否定了进行科学研究创造活动的可能性。一些学者为了不惹上麻烦，索性逐渐远离现实经济生活，从事所谓纯经济学研究，埋头摆弄数学模型，不对现实经济问题提出意见建议，更不对具体经济政策提出批评。要实现经济学研究繁荣，这种状况必须改变。

中国面临的经济转型和经济变革，靠现成的理论指导是远远不够的。理论创新来自实践。但是实践也要靠理论指导，才不会盲目，才会少犯错误。一个新的经济理论提出后，总会显得有点不合时宜，但实践会证明它的价值，理论自身也会在实践中逐渐完善。即使不正确的经济理论观点，也会给经济政策制定者提供一个思考经济问题的不同角度。事实上，要保证经济政策正确，的确需要经常听到一点不和谐声音，即人们说的经常听到"乌鸦叫"。总之，科学发展的规律是，研究结论不能由领导一锤定音，不能由权威决定。学术界也不能因为意见不同，而不允许人家说话。我反对你的意见，但我坚决维护你说话的权力。这才是科学工作者应该有的态度。

玖
主流经济学基本假设批判之一：经济人理性

在中国经济学界，占主流地位的是新古典经济学。许多经济学家是新古典经济学的忠实信徒，主张按照新古典经济学的理论进行中国经济体制改革，确定中国经济发展方略。

中国经济改革和发展需要理论指导。促进中国经济学理论发展应该采取开放的态度，应该有海纳百川的气度，吸收所有经济科学理论成果，包括新古典经济学一些有用成果。同时，中国经济学研究还要解放思想，破除迷信，不能盲从，敢于突破前人、超越前人，实现经济理论创新。

在新古典经济学占主导地位的情况下，这里首先要问一个问题，即新古典经济学是不是科学？一种经济学说是不是科学，取决于这种学说得以建立其上的基本假设前提是否能站住脚。如果基本假设尚有疑问，整个学说体系就不是可靠的。凯恩斯在 20 世纪 30 年代实现了经济学革命，首先是对当时的西方主流经济学的基本假设提出了挑战。他指出："我们对已被接受的古典经济学理论的批评，重点不在于找出它的分析中的逻辑错误，而在于指出，它所暗含的假设条件很少或者从来没有得到满足。其后果为，它不能解决现实世界中的经济问题。"（《通论》第 378 页）为了打破西方经济学的神话，我在两篇评论中分别分析了主流经济学的两个基本假设：经济人理性假设和完全竞争市场。

继承西方经济学的传统，新古典经济学有一个基本假设，即人都是理性的人，在一定约束条件下，总是能够做出使个人利益最大化的决策。经济人理性假设是西方经济学产生、发展、演变的核心，如果抽掉这个脊梁骨，西方经济学整个大厦就难以矗立，新古典经济学的科学性就成了问题。

经济人理性假设有一个发展过程。较早提出经济人理性思想的是英国哲学家约翰·洛克和大卫·休谟。如休谟曾指出，社会经济活动是人类自私和贪欲这种本性的自然结果。亚当·斯密则在《国富论》中明确提出："我们每天所需要的食物和饮料，不是出自屠户、酿酒师、面包师的恩惠，而是出自他们自利的打算。我们不说唤起他利他心的话，而是说唤起他们利己心的话。"到了阿尔弗雷德·马歇尔，经济人理性进一步扩张，含义包括目标的一致性、手段与目标的一致性、利益的最大化，即所有经济活动参与者都以追求个人利益最大化为目标，并且这种追求个人利益最大化的行为，可以实现整体利益的最大化。到博弈论问世，经济理性被进一步提升为使每一个个体与群体内其他利己个体的自利行为之间保持一致性的预设性前提条件和能力要求，外延变得更加宽泛。综上所述，经济人理性概念不断发展，包含了三方面含义：第一，人性是自利的前提；第二，完全理性假定，即在一定约束条件下，人们总是能够做出有利于个人利益的决策；第三，社会利益最大化，是经济人追求利益最大化的结果。

　　从新古典经济学产生以来，特别是 20 世纪 80 年代以来，学术界从哲学、政治、历史、社会学等领域对新古典经济学的这一基本假设提出了质疑，经济学界对经济理性假设的质疑也一直没有停止过，不断地动摇着新古典经济学的基础。同时，人类社会历史和经济生活中发生的故事，也对新古典经济学的基本假设提出了挑战。

　　通过本章和下一篇章的探讨，我们可以发现，新古典经济学的基础并不牢固，因为它的基本假设并不可靠，运用这一学说去套中国经济，难以得出符合中国实际的科学结论和政策建议，指导中国经济制度创新和经济发展沿着正确轨道前行。

一、经济人理性的哲学思想源泉

　　经济学为什么还不是一门科学？阿尔弗雷德·艾克纳首先从哲学角度对此进行了拷问。近年来，国内不少哲学界人士也纷纷撰文，对经济学基于理性假设之上的理论体系表示了极大的怀疑。

　　古希腊文明是西方文明的源泉。西方经济学继承延续了柏拉图、亚里士多德"本质先于存在"的唯心主义哲学观，认为事物都有一个在先的本质，并根据这个基本哲学观点做出了人都是自利的假设。但是，这个假设是无法得到证明的。在西方经济学者看来，这个假设是不证自明的，就像神学无法于现实世界中证明神的存在，就告诉和教谕信徒在心中无需理由、不假思索地对神加以盲目膜拜。因而，西方经济学实际上是把一个重要的未知命题预先设定为已知的，从一般的经济人理性出发来论证具体的、细化的经济人理性行为模式，然后再回过头来论证经济人理性的先验假设。这样西方经济学就变成了一种自我臆想、循环论证、同义反复的理论体系。

这种唯心主义哲学观贯穿于西方经济学的全部分析。比如，既然本质先于存在，那么必然存在一个天赋的"自然秩序"，一种由上帝强加于人类世界并由先验人性自然而然表示的东西。这一"自然秩序"就是西方主流经济学推崇和宣扬的自由放任、自由竞争，通过自由逐利、物竞天择、适者生存，使个人利益最大化，从而最终实现一般均衡的市场经济制度。西方经济学家的神圣使命就是发现这一自然秩序，使人类社会经济活动服从、服务于这一自然秩序。因此，西方经济学从来不怀疑市场经济制度的完美性，把这种制度视为经济制度的千年王国，研究经济问题总是把制度既定作为前提，使制度改进和重塑成为毫无必要的事情。

可重复、可检验是科学的基石，科学是不怕检验的，不经过检验，就无从判断一种假说的科学性。由于经济人理性的假设是先验的，因而也是不可检验的。对于其他科学来说，如果一种假说已经被999次证实、第1000次被证伪，它就不是科学的。而建立在先验基础上的西方经济学命题恰恰相反，1000 次的否证或不一致都是正常的，只要第 1001 次偶尔被经验证实，也就获得了证实，就可以宣称是科学。如果一种经济学命题包括经济人理性假设完全不能被证实，那也没有关系：有的西方经济学家曾宣称，可检验的理论并非真正的经济学，不可检验并非什么坏事，而是真理性的标志。现在我们面对的已经不是文质彬彬的经济学教授，而是北京作家王朔小说中的人物："我是流氓，我怕谁!"剑桥学园里那位以为人宽厚著称的罗宾逊夫人听到这样的腔调，可能会这样评论："科学要通过试错才能进步，所以一旦科学拒不认错，科学就不能进步，科学因素也会退化。"（《经济哲学》，商务印书馆 2011 年 11 月第 1 版，第 44 页）

上述论述表明，西方主流经济学理论体系已经不是发育不全的问题，而是从哲学基础上就先天不足，缺乏科学的支撑。这种跛足的学说，在迷失的方向上蹒跚而行，不能通向科学的巅峰，而只能陷入谬误的泥淖。

二、来自经济学和其他科学的质疑

尽管经济学家对人的理性言之凿凿，确信不疑，但长期以来，不少经济学、政治学、社会学、哲学等领域的学者一直对这一基本假设存有疑问。如英国哲学家伯特兰·罗素就曾指出："据说人是一种理性的动物。我穷其一生在寻找这种观点的根据。"罗素质疑了人的理性，也质疑了人的经济理性。

其实，斯密本人虽然提出了经济人的概念，但同时也对这种经济人理性存有疑问，提出了"道德人"的命题。在《道德情操论》中，斯密指出："不论人们会认为某人怎样自私，这个人的天赋总是明显地存在着这样一些本性，这些本性是他关心别人的命运，把别人幸福看成自己的事情，虽然他除了看到别人幸福感到高兴之外，自己一无所得。"这就与他提出的人的本性是自利的，存在着极大的矛盾。这说明，对于所谓人性这类先验的东西，斯密本人也不敢确信。不过，对于斯密自身学说中的"经济人"与"道德人"的矛盾，主流经济学家一般情况下讳莫如深，不愿提及。

马克思在《1844年经济学——哲学手稿》中，列举了一系列人的"异化"现象，对人的自利本性的假设提出了疑问，指出人们的选择并不都有利于自己的利益。马克思指出："劳动者生产得愈多，他能够消费的愈少；他越是创造价值，他自己越是贬低价值，失去价值；他的产品越是完善，他自己越是畸形。"这些论述，有力地批驳了人的选择总能够对自己的利益有利的观点，说明了社会经济制度对人们利益的极大影响，反对脱离社会经济制度谈论一般人性。

古典经济学产生后，不少资产阶级经济学家也对理性假设提出了疑问，指出其他方面因素对人的选择产生着重要影响，进行了人的非理性探讨。比如马尔萨斯引入情欲说明人的行为分析，认为人的理性是有限的。同时，约翰·

穆勒、凡勃伦、帕累托、贝克尔、霍奇逊等经济学家，对
非理性行为进行了研究。这些研究的共同点，就是指出欲
望、情感、习俗、制度等，在人们追求利益最大化过程中
的干扰和偏离作用。

赫伯特·西蒙是一个科学全才，他在心理学、政治学、
行政学、运筹学、统计学、生物学、计算机科学等诸多领
域都取得了很高科学成就，同时对现代厂商和管理理论做
出了突出贡献，获得了 1978 年的诺贝尔经济学奖。早在
1955 年，他就提出了"有限理性"理论，对个体在组织之
内的决策行为进行了研究。他指出："我们可以把那类考
虑到活动者信息处理能力限度的理论称为有限理性论。"他
把有限理性确定为人在决策分析中真正具备的信息存取和
计算能力，包括：第一，活动者事先不可能知道全部备选
方案；第二，活动者的决策过程将伴随着外部事件的发生，
具有不确定性；第三，活动者没有能力预知活动的全部后
果。西蒙在美国经济学界备受尊重，被誉为"经济学家中
的经济学家"，但是客观上却是"经济学家之外的经济学
家"。尽管大家对他的有限理性理论津津乐道，但却没有真
正重视他的观点的理论价值。为了维护新古典经济学的基
本假设，从而维护它的主流经济学地位，西蒙的有限理性
理论，事实上一直被束之高阁。

对于理性人或经济人的真正质疑来自于行为主义者。
行为主义者中有社会学家、政治学家和心理学家。在他们
眼里，所有的市场主体都是人，人是多种多样的，而且同

一个人此刻与彼时的行为也会大不相同，而且并非大多数人凡事都经过"理性计算"，三思而后行。将芸芸众生简化为自我利益或兴趣的理性计算者，大千世界岂不变得太整齐划一了？因此，社会学家和政治学家针锋相对地提出了"社会人"和"政治人"假设，与经济人假设相拮抗。然而，在经济学的"帝国主义"时代，这些对经济人理性假设的质疑声音毕竟太小了，相反，经济学家运用经济人假设和经济学分析于政治、家庭、社会学等领域的研究，经济人理性的假设反而在这些领域占据了主流地位。由此可见，在唯心主义哲学观占统治地位的西方世界，是以"本质先于存在"为哲学基础的新古典经济学大行其道的思想基础，大众和学术界哲学观不改变，动摇新古典经济学在美国和西方经济学界主流与统治地位难度很大。

20世纪中叶以来，认知心理学取得了长足的进步，对人在不确定的世界中的判断和决策模式有了更为清晰的认识。少数心理学家挑战了经济学中理性主义的市场决策模式，过于笼统抽象的单一的经济人，被各种"心理人"所取代，行为经济学应运而生。

行为心理学的始作俑者是两位来自以色列希伯来大学的犹太心理学家卡尼曼和特沃斯基。由于一个偶然的机会，他们开始合作研究探讨人们在面对风险时进行决策时竟是不是理性的。经过5年的研究，他们写出了题为《前景理论：风险下的决策分析》，挑战了由博弈论开创者冯·诺伊曼和奥斯卡·摩根斯坦建立的并为经济学家奉为圭臬的

"期望效用理论"，提供了许多心理学实验，证明了人们在
面对风险时的决策行为与经济学中理性决策模型的预见相
背离，即人们在面对收益与损失的时候，会依据不同的参
考点对决策的前景进行评估。1979 年 3 月这篇论文在计量
经济学会的会刊《计量经济学》上发表了。2002 年，卡尼
曼与行为经济学的开创者弗农·史密斯分享了诺贝尔经济
学奖。

　　顾昕先生在《理性市场的迷思》一文中，记述了特沃
斯基与理性市场的忠实信徒、美国罗彻斯特大学明星经济
学教授迈克尔·詹森的一段对话，读来令人忍俊不禁，透漏
了面对行为心理学的挑战，经济人理性假设的尴尬。1979
年春天的某一天，特沃斯基与詹森在一次晚宴上坐在一起，
前者貌似漫不经心地问后者对老婆大人的消费决策有何看
法，詹森不知是计，滔滔不绝地对妻子的不理智消费行为
"吐槽"。特沃斯基又问詹森如何评价卡特总统，詹森回答：
他是个傻瓜。特沃斯基又问，你如何看待美联储主席的决
策呢？詹森答道：全是错的。接着，特沃斯基列举了一大
堆各类市场主体进行决策的例子，詹森总能说出其不足。
"那是不是可以这样看，"特沃斯基说，"就个人而论，尤
其是对政策制定者而言，他们在决策时都会犯大错误，但
就总体而言，他们都做得对？"詹森明白，这是甩向理性市
场理论的一把飞刀。"阿莫斯，看来你还是没有明白，"詹
森极为敏锐地接招，"不理智甚至是错误的决策固然比比
皆是，但都无关紧要，关键在于，即便诸多个体参与者呈

现各种各样的不理智，但市场整体却是理性的；市场的奥妙恰恰在于，由于参与者众多，总有大量的市场参与者可以抓住其他人不理智进行'套利'，最终会使市场回归理性。这就是市场的伟大之处。"

对詹森的高论，行为经济学家并不买账。他们认为，人类偏离理性的很多行为是系统性的，就是说会朝着一个方向不理智，或者在同一个方向上犯错误。以我看来，很多个体在决策时不理性，而市场总体决策却是理智的，就如同说许多树木都是松树，而整体上这片森林都是橡树一样荒唐。西谚有云：比只见树木不见森林可能更糟的，是只见森林不见树木。我看这句话完全可以送给詹森先生和所有坚持市场理性的经济学家。

对经济学的理性假设，经济学家兼金融大鳄索罗斯最近公开提出了疑问。在接受《新经济思潮（new economic thinking)》采访时，索罗斯认为："流行的有效市场假说——理性选择理论实际已经破产，与雷曼兄弟破产后全球金融体系的崩溃非常类似。"索罗斯称，需要重新思考经济学。"我们需要重新思考这个假设和公理，以及以这些为基础的经济学理论。因为经济学一直试图提出普遍有效的理论，就像牛顿的物理学一样。我认为那是不可能的，你需要有不同的方法和不同的可接受的标准来解释新问题。"

三、社会生活和经济生活对经济人理性的挑战

理论是对现实世界的抽象。观察人类历史和当代人类

活动，我们可以断定，人类面对决策有理性的时候，但同样可以举出很多反例，说明人类是不理性的。一部世界历史已经证明：人类个体不能保证面临决策时都能做到理性，人类作为整体也不能总是做出理性的决策。

如果我们认真研究一下人类历史，就会发现人类历史上发生的许多大事件充分证明了人的非理性。如两次世界大战，人类无疑是在自取灭亡，完全是非理性战胜了人类理性。中国发生的史无前例的"文化大革命"，使全民族陷入了癫狂状态，相互揭发，相互背叛，学生打老师，妻子揭发丈夫，儿子和父母划清界限，全民武斗，捣毁古迹，焚烧书籍，在一个有五千年文明的国家里，种种乖戾行为，现在看来真是匪夷所思。我想，这些人类历史上的大事件，比我们经济学家观察到的细枝末节，更能说明人类的本性。

进一步深入分析，我们发现，人类这种不理性行为不是偶发的，而是具有系统性特征，就是说人类会重复犯同样的错误。比如，一战给德国带来了巨大灾难，但 20 年时间不到，同样是日耳曼民族发动了第二次世界大战。日本在二战中给中国和其他国家人民带来了痛苦回忆，也给本国人民带来了梦魇。在战争后期，日本侵华军队士兵平均身高已经由战争初期的 1.58—1.60 米降到 1.55 米，这意味着日本中学生都被驱赶到战场上去了。美国两颗原子弹使广岛、长崎瞬间变为焦土，几十万平民灰飞烟灭。然而，日本人接受教训了吗？他们从来没有真正对战争罪行进行过忏悔，现在正千方百计修宪，试图为重新成为政治强国、军事强国做准备。同样地，我们中国人也是很健忘的。"文化大革命"过去不到40年，曾经亲身经历过那些噩梦般日子的老一辈人对"极左"思想和路线给国家和人民带来的灾难已经逐渐淡忘了，由于忽视历史的教育，对新一代人来说那段历史似乎完全不存在。现在，有的人已经在公开发表文章留恋那段历史。可以断定，假以时日，一旦气候和土壤合适，在中国爆发第二次"文化大革命"一点也不奇怪。

诚然，帝国主义发动战争，有垄断资本利益的深厚背景。帝国主义战争的真正原因是殖民地瓜分不公，战争的实质是列强重新划分势力范围的战争，是少数大资本集团利益的需要，也是垄断资本进行的一场豪赌，结果是战争双方两败俱伤，而美国在两次世界大战中坐收渔人之利，逐步成为西方世界的霸主。如果说，德国少数人主宰发动两次世界大战是经过"理性计算"的，那么人民又能从战争中获得什么呢？只有饥寒交迫、家破人亡。但是当时普通人民的狂热程度一点不比法西斯分子差。这种分析表明，与上述詹森的观点恰恰相反，有时候个体在决策时是理性的，而整体决策有时候却是不理性的。

虽然政治学家、社会学家等已经证明了人类决策时不总是理性的，但经济学家仍然坚持在经济决策中人类是理性的。因为，在经济学家看来，其他社会科学分析的是"人类"，经济学家研究的是"经济人"。换句话说，社会科学分析的是人类的理性，而经济学家分析的是经济人理性；

在其他领域人类面临决策时可能是不理性的，在经济领域
人的决策则是理性的。

根据常识，一个人不可分，很难说在理性上分成两部
分，在一些方面是理性的，在另一些方面则是不理性的。
经济生活的经验，也不支持在进行人们经济决策时总是理
性的结论。

卡尼曼的研究发现，人们对待不同收入部分，消费时
的行为是不一样的。对于工资部分，人们在消费时一般精
打细算，而对额外收入和意外收入比如奖金、证券收入、
彩票收入等，消费时一般比较大手大脚。不管收入来自哪
种途径，收入的购买力是一样的，但人们的消费行为却大
相径庭，说明人类的消费行为决策是不理性的。

由于经济决策涉及人们的经济利益，更难做到冷静客
观，比其他领域更容易不理性。中国有句成语：利令智昏。
就是说，在其他事情上，人们可能还会头脑清醒，遇到利
益，冲动是魔鬼，人们最容易丧失理智，做出糊涂的事情。
逻辑和算计，都敌不过一时的冲动。我们身边人发生的身
边事，如资本市场、房地产市场上的买涨不买跌，"中国
大妈"炒房、炒股、炒黄金，盲目冲动，不计后果，足以
证明人遇到经济利益，很容易失去理性的。

经济学研究需要一些基本假设为前提，需要假设一些
条件不变，才能进行科学研究。经济人理性假设对经济学
研究是十分重要的，这使得对人类其他行为的深入研究成
为可能。问题是，不能用新古典经济学的理论和方法研究

一切经济问题，更不能用这个学说的理论去套中国现实。因为以经济理性假设为前提的新古典经济学，排除了研究人类经济行为多样性的可能与必要，排除了制度分析的可能与必要。处于经济改革和发展转型新阶段的中国，不进行制度分析，不全面研究经济及经济与社会历史、政治、文化、习俗等方面的联系，就难以得出指导中国改革发展的科学经济学理论，中国的改革发展就难以顺利推进。所以，研究中国经济问题，不能只依据新古典经济学理论和方法，而必须运用一切科学的经济学理论和方法，包括马克思主义经济学理论。

拾

主流经济学基本假设批

判之二：完全竞争市场

完全竞争市场，是西方经济学另外一个基本假设，是整个西方经济学理论得以构建和成立的一块基石。罗宾逊夫人说，对新古典经济学来说，"充分就业和完全竞争是理所当然的前提条件"。新古典经济学分析的逻辑起点是这样一个完全竞争的市场：有无数的买者和卖者、产品同质、要素自然流动、信息充分、不存在外部经济。在这样的限制条件下，消费者和厂商都是市场既定均衡价格的接受者，依照完全理性行动，不存在交易费用，不存在市场壁垒，不存在信息不充分，资源达到最优配置。在这样理想的市场上，依靠市场这只"看不见的手"自发调节，各类市场主体总是能够做出使各自利益最大化的决策，结果不仅是个人利益最大化，而且也实现了社会整体利益的最大化，于是经济活动以理想状态进行，这种理想的经济秩序也将一直延续下去。

从这一理论逻辑可以看出，如果市场不是充分竞争的，竞争缺失了公平性，"看不见的手"就不能发挥有效调节作用，个人利益与公共利益之间的一致性就成了问题，均衡价格、供需均衡都不能达成，整个经济秩序就会遭到破坏，西方经济学的理论体系就会基础不牢，地动山摇。

那么，在真实的世界中，这种理想的完全竞争市场存在吗？或者说，如果过去曾经存在过，现在现实的市场结构还是完全竞争市场吗？

一、马克思：自由竞争必然走向垄断

马克思在研究资本主义发展的历史趋势时，得出了自由竞争必然走向垄断的结论，实际上也提出了关于市场结构演变的理论。马克思在《哲学的贫困》中系统批判了蒲鲁东的理论，却赞成蒲鲁东提出的竞争必然走向垄断的看法，并对这种趋势进行了深入分析。他指出，在市场竞争中，由于个别劳动和社会劳动的差别，造成了不同企业之间成本高低不同，有的企业产品成本低于其他企业，在以同样价格出售产品时，就会获得较高利润，而那些成本较高的企业，就会获利较少或者亏损，直至关闭破产。竞争中的优势企业就会通过兼并、购买等途径，使一个行业的资本和生产逐步向优势企业集中。当生产集中达到一定高度时，就具备了产生垄断的可能性。如果一个部门的生产和资本分散在社会上成千上万的中小资本家手中，则根本不可能形成垄断的局面。因为他们之间很难达成某种协议，即使一些企业形成某种联合，也难以左右整个部门的生产和流通。而在生产高度集中时，情况则大不一样。这时，一个部门的生产已经集中在少数大企业和大公司手里，它们之间就比较容易达成某种协议，通过联合控制本部门的生产和市场。

生产高度集中后，也产生了垄断的必要性。如果一个部门中的少数大企业之间进行竞争，那么，由于它们实力相近，结果会造成两败俱伤。为了避免发生这种竞争，这些大企业之间就会谋求暂时的妥协，为共同控制生产和市场，获取高额垄断利润而达成协议，从而形成了垄断。

垄断在一定程度上造成了竞争的困难，因为当少数大企业控制了一个部门的生产和流通时，该部门的中小企业由于实力不济，难以与之竞争，而其他部门的资本也难以转移到这个部门，从而保持了大企业的独占地位。

列宁进一步分析了垄断条件下的竞争状况。他指出，自由竞争的资本主义进入到帝国主义阶段后，本质上是进入了垄断资本主义阶段。在这一阶段，虽然垄断取代自由竞争而在社会经济生活中占据了统治地位，但是，它并没有消除竞争，而是凌驾于竞争之上，与竞争同时并存。垄断之所以不能消除竞争，是因为：（1）垄断没有也不可能消除竞争赖以存在的客观基础。商品经济是竞争产生的客观经济条件，而竞争的存在，又推动着商品经济的发展。垄断不能消灭商品经济，自然也就不能消除竞争。（2）垄断组织不可能囊括所有的生产部门和企业。在垄断组织占统治地位的条件下，还存在着大量非垄断的企业。在非垄断企业之间，以及非垄断企业与垄断企业之间势必会展开激烈的竞争。（3）垄断组织之间的竞争也始终存在。垄断组织在确立了自己的统治地位后，为了扩大统治范围，它们之间也进行着激烈的竞争。因此，在垄断统治的条件下，既存在着非垄断企业之间的自由竞争，也存在着垄断竞争，即垄断组织之间的竞争、垄断组织内部的竞争，以及垄断组织与局外企业之间的竞争。

垄断条件下的竞争与自由竞争时期的竞争相比，具有了新的特点：（1）竞争的目的不同。在垄断统治的条件下，竞争的目的已不是取得平均利润或超额利润，而是攫取高额垄断利润。垄断利润主要是通过规定垄断价格来实现的。垄断价格是指垄断资本家凭借其在经济上的垄断地位所规定的旨在保证其能够获得垄断利润的产品价格。它包括垄断低价和垄断高价两种基本形式。垄断低价是指垄断组织在向非垄断企业、小生产者和经济落后国家购买生产资料时规定的低于商品价值或生产价格的价格。垄断高价是指垄断组织出售商品时规定的大大高于商品价值或生产价格的价格。（2）竞争的手段不同。在自由竞争时期，部门之间的竞争主要是通过资本转移进行的，部门内部的竞争则是依靠技术进步，提高劳动生产率，降低商品成本，来击败对手。在垄断时期，垄断资本家既利用经济上的垄断地位来打压对手，必要时还利用政府的力量来战胜竞争对手。（3）竞争激烈程度和后果不同。垄断资本的竞争双方都是实力雄厚、势均力敌的垄断组织，这便使得竞争特别激烈，更具有持久性，竞争造成的破坏也更加严重。（4）竞争的范围不同。自由竞争主要发生在国内经济领域，垄断时期的竞争范围则由国内扩展到国外，由经济领域扩展到政治、军事、文化等诸多领域。

马克思、列宁对自由竞争发展趋势以及垄断和竞争关系的分析告诉人们，完全竞争市场假设也许是自由竞争资本主义时期市场结构的主要特点，但不是市场经济发展各个时期市场结构的共同特点。进入到了垄断阶段，就不存在完全竞争市场，竞争的结果也不是那样牧歌式地美好了。19世纪80年代以后，自由竞争的资本主义逐步向垄断资本主义过渡，到20世纪初基本上完成了自由竞争资本主义向垄断资本主义的过渡。垄断占据统治地位，阻碍了竞争开展，抑制了经济发展和效率提高。因为行业内的大企业可以凭借垄断地位获得超额利润，因而它们没有不断研发采用新的先进技术的积极性，即使掌握了新技术，宁可把它置之高阁，也不愿将它投入使用。同时，也没有必要为了争取客户而积极提升服务、改善服务。在这种情况下，在一些领域，公平竞争、平等竞争被垄断所取代，私人利益与公共利益不是相一致，而是出现了背离，西方经济学关于在市场经济条件下，个人的利己行为会在事实上促进社会整体利益的假设遇到了现实的严峻挑战。因此，在资本主义发展史上，从1890美国第一部反垄断法《谢尔曼反托拉斯法》颁布后，先后有100多个国家发布了同样的法律，试图消除经济中的垄断行为，使企业之间能够开展正常的竞争，以保持经济发展的动力和活力。与此同时，垄断一直顽强存在和发展着，西方国家经济政策和法律一段时间以反垄断为主旋律，一段时间内又对垄断予以默认和鼓励。如20世纪美国针对IBM、施乐等大公司的反垄断调查和诉讼官司，一打就是20多年。由于芝加哥学派新自由主义经济学反对政府对经济生活的任何干预，把反垄断也视为对经济的不当干预，里根政府接受了新自由主义经济学的理论和政策主张，在里根执政的 20 世纪 80 年代初期，终于在司法部的主导下，撤销了对这些大公司的诉讼。

二、张伯伦、罗宾逊：垄断竞争理论

不仅马克思主义经济学说的分析证明了完全竞争市场的不真实性，动摇了西方经济学的基础，在西方经济学发展史上，也有一些经济学家对现实的市场结构进行了客观分析，敏锐地发现完全竞争市场假设是与现实相脱离的，使人们对现实市场结构的认识前进了一步。

亚当·斯密以后的一两百年里是自由资本主义发展的鼎盛时期，那时垄断还是个别现象。当资本主义进入垄断阶段之后，经济学理论已无法对其进行解释，现实世界中的普遍垄断现象开始引起经济学家的关注。从 19 世纪初的西斯蒙第、穆勒、麦克库洛赫，到 19 世纪末和 20 世纪初的马歇尔、古诺、埃奇沃思、西奇威克，尤其是庇古和斯拉法，他们早已对垄断理论和市场的不完全性作了大量的研究。但问题在于，他们始终沿袭着"斯密传统"，即将自由竞争作为普遍现象而把垄断作为例外来构造他们的理论框架。

一直到 1933 年，美国哈佛大学的张伯伦和英国剑桥大学的罗宾逊夫人几乎同时分别出版了《垄断竞争理论》和《不完全竞争经济学》，发现现实的市场是垄断竞争的市场，是不完全竞争的市场，才正式宣告"斯密传统"的彻底结束。始于张、罗二人的"张伯伦革命"的主要贡献在于：他们摈弃了长期以来以马歇尔为代表的新古典经济学关于把"完全竞争"作为普遍的而把垄断看作个别例外情况的传统假定，认为完全竞争与完全垄断是两种极端情况，提出了一套在经济学教科书中沿用至今的用以说明处在两种极端之间的"垄断竞争"的市场模式，并在其成因比较、均衡条件、福利效应等方面运用边际分析的方法完成了微观经济学的革命，将市场结构分成了更加符合资本主义进入垄断阶段实际情况的四种类型。

张伯伦认为，垄断与竞争力量的混合来源于产品差别，产品差别是造成垄断的一个决定性因素。"差别性可能是根据产品本身的某种特点，如独有的专利权、商标、名称、包装特点等内容的不同；或是品质、颜色、式样等特点，同时也可以根据环绕于售卖者周围的各种不同条件"。一种产品具有差别，就意味着卖者对他自身的产品拥有绝对的垄断，但却要遭受非常接近的替代品的竞争。这样每一个卖者都是垄断者，同时也是竞争者，因此是"垄断的竞争者"。

张伯伦根据产品差别的概念建立了他的垄断竞争价值理论。他认为，在垄断竞争情况下，每家厂商的销售量受价格、产品性质和销售开发三个因素的影响。张伯伦的这一理论影响深远，尤其是他关于非价格竞争的理论，成为市场营销学和广告学的理论源泉。

罗宾逊夫人认为，现实生活中存在着各种不同程度的垄断或不完全竞争，也就是她所说的处于完全竞争和完全垄断之间的"中间地带"，她的《不完全竞争经济学》研究的就是这种"中间地带"的经济学。在书中，罗宾逊夫人主要研究经济分析的方法，用她自己的话说是提供了一个"工具箱"，使得经济分析的前提和实际情况相符合，使得把完全竞争研究转向不完全竞争研究成为可能。

罗宾逊夫人不完全竞争经济学有两大部分：卖方"垄断，即卖的原理；买方独占，即买的原理"。与张伯伦的垄断竞争理论相比，不完全竞争含义不尽相同。她认为现实的竞争就是不完全的竞争，它是由市场的不完全性产生的。这种不完全性是由以下因素造成的：运输成本的高低、企业坐落的相对距离、名牌产品提供的质量保证、不同生产者提供的便利条件，以及广告的影响等因素。在理论观点上，主要特点是广泛使用边际收入概念，引入了"价格歧视"概念，创造了"买方垄断"的概念。所谓价格歧视，就是企业可以对不同的买者规定不同的价格。企业把市场划分为几个小市场，并使各市场在价格歧视下企业总产出的边际成本等于边际总收入，以达到企业利润最大化。价格歧视分析现在不仅成为不完全竞争理论的重要内容，甚至成为判断是否存在垄断的标志之一。所谓买方垄断，既可以是个别人的，也可以是生产者或企业。比如如果劳动力市场上存在企业的买方垄断，就可以把劳动力价格压低到市场价格以下，为了保护工人的利益，就需要政府干预，所以她建议制定和实施最低工资制度。这一观点提出后，遭到了西方经济学界的围攻，但是世界各国现在大都建立了最低工资制度，足见它的现实影响力。

三、斯蒂格利茨等：信息不对称理论

1996年的诺贝尔经济学奖颁给了詹姆斯·莫里斯和威廉姆·威克瑞，2001年诺贝尔经济学奖颁给了乔治·阿克尔洛夫、迈克尔·斯宾斯、约瑟夫·斯蒂格利茨。他们都对信息不对称理论提出和信息经济学发展做出了关键性的贡献。信息不对称理论的提出和信息经济学的发展，颠覆了市场交易活动中信息是充分的假设，从而也使完全竞争市场的假设遭到严峻的挑战。

信息不对称理论是指，在市场活动中各类人员对有关信息的了解是有差异的。掌握信息比较充分的一方在交易中往往处于比较有利的地位，而掌握信息不充分的一方在交易中往往处于不利的地位。

阿克尔洛夫、斯宾斯和斯蒂格利茨分别研究了商品交易、劳动力市场和金融市场三个领域中交易双方信息分布和占有情况，发现都存在着信息不对称的问题。在商品交易中，卖方一般比买方占有更详细、更真实的信息，比如对商品品质、成本、价格等方面的信息，生产商了如指掌，而消费者则不甚了了，在购买过程中存在一定盲目性，付出的代价往往高于真实市场价格，造成了利益损失。在劳动力市场上，用人单位和应聘者之间存在着信息不对称，应聘者为了获得一个好的职位，往往从简历制作、服装、文凭等方面挖空心思层层包装，用人单位很难发现应聘者的真实本领，难以避免招进来以后才发现有些员工是金玉其外，败絮其内。在金融市场上，比如汽车保险市场上，保险公司和投保者之间存在着信息不对称，客观上造成一般车主在买了车险后疏于保养，使得保险公司多付出赔付资金。

信息不对称理论提出后，引起了很大反响，人们发现生活中信息不对称现象简直无处不在。信息不对称现象的存在，一方面使得交易过程中买方与卖方利益不平等，掌握信息较充分的一方处于有利地位，而另一方利益则受到损失，这就破坏了市场交易的平等，导致了利益分配的不合理，降低了资源配置的效率和效益。同时，由于市场交易中信息不充分，担心因为信息不对称利益受损失，交易一方或交易双方就可能对交易犹豫不决，从而降低交易效率。这都说明，在真实的市场上，信息是不充分的，交易双方不一定是平等的，交易也不都是公平的。随着科学技术特别是信息技术日新月异，人类进入了信息时代，信息量爆炸性增长，大大超过了人们的接受和处理能力，世界同时进入了一个充满不确定性、高风险与高收益并存、市场环境快速多变的"风险经济"时代，信息不对称问题变得更加突出，更加比比皆是，将更多出现信息充分一方吃掉信息不充分一方的现象，出现"信息为王"的状况。继续固守和秉承市场信息是充分的信条，作为个人将承受更多利益损失；作为一个企业，将可能在竞争中大败亏输；

作为一个国家则可能影响制定和实施正确的国家战略，在国际竞争中处于被动地位。各类市场经济主体要避免在竞争中利益受损，就必须从信息充分的虚幻梦境中走出来，利用各种手段尽可能全面掌握信息，正确处理信息，降低信息不充分可能带来的风险。

四、马歇尔、庇古：外部经济与外部不经济

从马歇尔《经济学原理》出版以来，经济学家发现和探讨了外部经济和外部不经济现象，从另一个角度证明了完全竞争的市场是不存在的，再一次严重挑战了完全竞争市场的假设。

马歇尔第一次提出了外部经济概念。他在《经济学原理》中写到："我们要继续研究非常重要的外部经济，这种经济往往能因许多性质相似的小型企业集中在特定的地方——即通常所说的工业地区分布——而获得。"他还指出："总生产量的增加，常会增加它所获得的外部经济，因而使它能花费在比例上较以前为少的劳动和代价来制造存货。"从马歇尔的论述可见，所谓外部经济，是指由于企业外部的各种因素所导致的生产费用的减少，这些影响因素包括企业离原材料供应地和产品销售市场远近、市场容量的大小、运输通讯的便利程度、其他相关企业的发展水平等等。实际上，马歇尔指出的外部经济，就是我们今天常常研究的行业内分工的深化、产业积聚使企业得到的规模积聚效应，这也是当今世界和中国都在兴办专业的产业

园区的经济学理论根据，并且随着对这个领域有关学术问题的探讨，逐步形成了一个专门的经济学学科——区位经济学。

今天经济学界所关注和研究的外部经济内容，与马歇尔分析的外部经济已经发生了重要转换。对外部经济概念及内容进行了深入、系统探讨的是马歇尔的学生庇古。他在 1920 年出版的《福利经济学》一书中，扩展了外部经济的概念和内容，将外部经济问题的研究从外部因素对企业经营效果的影响，转向了企业或居民对其他企业和居民的影响效果，并提出了著名的"庇古税"的政策主张，来解决外部经济和外部不经济问题，以弥补市场的缺陷。以后，科斯、萨缪尔森、诺德豪斯等经济学家的研究工作使外部经济问题研究继续深化和扩展，特别是 20 世纪 70年代以后，关于环境污染所造成的损失及其补偿费用的计算，进一步丰富了外部性理论，形成了比较完整的概念和理论体系。

今天经济学所讲的外部经济是指，个体经济单位的行为对社会或者其他单位造成了影响却没有承担相应的义务或获得应得的回报。厂商、个人、社会从某种社会经济活动中获益，而原则上不必付费，这种有益的外部影响称为正的外部经济或者称外部经济，有意识地获得这种外部经济效应的行为在经济学教科书上称为"搭便车"；单位或个人的生产、消费行为给其他单位、个人、社会造成损失，而他人和社会却得不到补偿，这种有害的外部影响称为负的外部经济或者称外部不经济。外部不经济的存在，对传统经济学关于个人追求私利的行为与整体利益一致的假设提出了挑战。借用罗宾逊夫人的话说，在这里，"新古典经济学说所谓每个人对自身利益的追求增进了所有人的利益，突然壮观地崩溃了"。从资源配置的角度看，外部经济是指一些经济活动的某些效益或成本不在个体经济单位的决策者的考虑范围内，从而造成了资源配置效率低下，并造成市场失灵的现象。典型的正的外部经济现象是高新技术企业和产业发展带来的影响。高新技术以及高新技术产品具有技术外溢效应，这是一种外部经济效应，厂商不能独享创新带来的收益，而且投资的风险很大，如果没有有效的知识产权保护，没有政府的政策支持，社会和企业就缺乏投资积极性，必然出现投资总量不足，影响这些产业和企业的发展。然而这些产业和企业又具有战略性，创造的知识、技术、产品对国家的发展和社会的进步具有不可低估的作用。在这种情况下，高技术产业和企业发展不能完全依靠市场自发调节，需要政府对这些产业和企业实施扶持政策，如优惠的税收政策、土地政策等，以降低投资风险，实施知识产权保护战略和政策，对这些产业和企业给予资金补贴，把社会和企业投资吸引到高新技术产业和企业中来，促进高新技术产业和企业发展。外部不经济的典型事例是企业生产造成的环境污染。比如钢铁厂排放的烟雾及含硫气体伤害当地居民的健康，但伤害者并不能得到补偿。排污企业在为自己创造财富的同时，给周边其他单位和个人造成了危害，产生了外部成本，但这种外部成本一直以来并没有计算到生产成本中，而是由企业以外的政府和老百姓来买单，这显然是不合理、不公正的。对这类外部不经济现象，政府不能熟视无睹，必须有所作为，或者对这类企业课以重税，使税额与给其他企业和个人造成的损失相等，或者勒令企业进行技术改造和设备更新，把污染降低到允许的标准，经过整改仍不能达到规定标准则要勒令其关闭停产。

综合以上分析可以看出，新古典经济学关于完全竞争市场的假设在古典资本主义时期也许成立，随着生产社会化和分工日益扩大和深化，经济活动变的越来越复杂和千变万化，完全竞争市场早已不是真实世界中的情况。由于自由竞争必然走向垄断，由于产品差别性、销售投入和营销方略差别性等原因，真实世界中的市场既存在竞争，也存在垄断；信息也不是充分的，交易双方存在着信息占有的不平等，因而导致竞争中的利益和地位有差异；外部经济现象比比皆是，导致竞争的不平等，完全由市场调节则直接造成了一些企业或个人"搭便车"，没有任何付出却能获得利益，而另一些企业和社会成员遭受利益损失而得不到补偿。在不完全竞争市场的世界中，市场不是万能的，存在着市场失灵现象，政府必须在一些领域实行干预，确保竞争的正当性，保证社会整体利益，促进经济有秩序发展。新自由主义经济学无视市场竞争的不完全性，仍然坚持全面的私有化、市场化、自由化，反对一切政府干预政策，说明这种经济学说不是一种开放体系，不能随着现实经济条件的变化而变化，已经失去了发展活力，不仅它的具体原理不能解释和预测现实经济活动，在方法论和学术态度方面也缺乏科学性，因而距离一门真正的科学渐行渐远。当然，主流经济学派的一些经济学家也对种种市场失灵现象进行了大量研究，极力证明市场失灵只不过是偶然现象，不是市场的常态，西方经济学关于完全竞争市场的基本假设仍然成立。比如，张五常先生在研究了英格兰港口的历史资料后，指出庇古所说的灯塔不能由私人建造经营的情况是虚构的；在华盛顿州研究了果园主人和养蜂人之间签订的契约资料，指出蜜蜂授粉也不是无偿的，通过双方事先签订的协议，养蜂人得到了合理报酬，从而否定了外部经济命题。这两个案例就是经济学说到市场失灵时，一直津津乐道的"灯塔的故事"和"蜜蜂的寓言"。张教授的现场研究证明了过去流传的故事都是道听途说，人云亦云。张五常教授这种凡事到现实中求证的治学态度是值得尊重和学习的。但是，这只是几个特例，还有大量事实足以证明外部经济问题确实存在。早期英格兰一些地方由私人建造经营灯塔，后来不也早就被港口工会接管了吗？恐怕也不是偶然的。这就是主流经济学的思维逻辑：如果他们的理论1000次都没有被证明，也没有关系，那是因为现实与理论不符合，只要第1001次被证明，就足以说明理论的正确性。这也是近年来欧美国家兴起的经济学国际改革运动中，年轻一代经济学专业学生对主流经济学最不满意、批评最多的现象。

我相信，对真实世界中市场竞争的不完全性，以及完全竞争市场假设的主观臆断性，国内主流经济学圈子内是清楚的。然而一些经济学家仍然盲目追随西方主流经济学，运用西方主流经济学的基本原理、基本方法研究中国问题，并用西方主流经济学的理论去套中国实际，坚持市场化能解决一切问题，坚持全面自由化、市场化，一概排斥政府对经济生活实施干预。这种漠视现实及其变化的治学态度，有违学术规范和学者良知，用这种方法进行研究得出的结论不会具有科学价值，不能用于指导实践。无怪乎现在这种经济学说在中国越来越没有市场了。

附录一
戳穿经济学的
经典和当代谬误

　　由于经济学理论和政策主张经常被当政者采纳，特别是二战后西方国家普遍接受了凯恩斯主义经济理论，采用了凯恩斯主义的政策主张，西方国家实现了几十年经济发展繁荣，在社会科学中经济学成了显学，被誉为社会科学"皇冠上的明珠"。不仅如此，有的经济学家不满足于经济问题的研究，还攻城略地，运用经济分析方法研究政治、教育、婚姻、家庭、犯罪等领域的问题，对一些现象给出了令人耳目一新的解释，也取得了重要的学术成果，这种趋势被称为经济学的"帝国主义"。由于经济学对现实经济、政治和社会生活的重大影响和作用，以及半个多世纪以来取得的重大学术成就，使得经济学家自我感觉特别良好，声称经济学更接近自然科学的精确性和可验证性品格，也助长了经济学家的傲慢与虚荣，使他们对经济学的概念、原理等表现出盲目自信，对已有的经济学知识深信不疑，从不愿意拷问一下它们是否可信和科学。

　　事实上，经济学早就存在的一些谬误至今还被人们作为经典津津乐道，广为流传，经济学的一些重要假设和前提，也是不大经得起推敲的。近十几年来，中国经济学界崇洋、媚洋蔚然成风，不仅追随西方经济学家犯了一些低级错误，自己也上演了一些闹剧。本节对经济学说史上的几种所谓经典和在中国经济学界流传甚广的概念进行了分析研究，在一些方面颠覆了以前被视为不证自明的传统和常识，以澄清某些理论和概念上的混乱。更重要的，是戳破经济学的神秘光环，引起人们警醒：经典未必可靠，流行未必有用。科学研究最重要的态度是不能盲从，"尽信书不如无书"，读经济学论著时，也要下一番慎思明辨的功夫，以免上当受骗、以讹传讹，误己、误人、误事。

一、灯塔的故事和蜜蜂的寓言

学过一点西方经济学的人都熟知，为了论证市场的失灵，前辈经济学大师如庇古教授讲述了灯塔的故事和蜜蜂的寓言。在今天的经济学课堂上，这两个例子仍然被视为经典案例，为教师们津津乐道。

灯塔的故事说，由于所有过往船只都可以得到灯塔的指引，但又无法对船只收费，所以私人对建造灯塔就没有积极性。在这里市场失灵了，只有由政府来建造和营运。蜜蜂的寓言说，在鲜花盛开的季节，蜜蜂到果园采蜜时，无偿地为苹果等授粉，养蜂人却得不到补偿，也是典型的外部经济现象和市场失灵。

在市场经济条件下，市场失灵现象的确存在，但灯塔的故事和蜜蜂的寓言不足为凭，因为这个故事和这个寓言事实上都是不存在的。

张五常先生在《经济解释》一书中写到，他曾经研究过 17、18 世纪世界航运史，发现早期英格兰港口灯塔有的是私人建造和运营的。由于所有到达该港口的船只必然利用了灯塔，因此收费并不困难。只是到了后来，船员工会逐步接管了大部分甚至全部灯塔的建造与运营。在美国的西雅图州调查养蜂业时，他发现真实的情况是，养蜂人和苹果园主签订有协议，苹果园主要付给养蜂人一定的费用，作为蜜蜂授粉的报酬。所谓灯塔的故事和蜜蜂的寓言，不过是想当然和以讹传讹罢了。这告诉我们，经典并不一定就可靠。

受到张五常教授的启发，如果大胆解放一下思想，运用"奥卡姆的剃刀"对西方经济学进行审视，就会发现，西方经济学中的一些重要理论甚至一些基本的前提、假设，究竟是否能站住脚，也是可以进一步考察和提出疑问的。

比如西方经济学有一个基本假设，即经济生活中的人都是理性的人，在一定约束条件下，总是能够做出使个人利益最大化的决策。抽掉这个顶梁柱，西方经济学整个大厦就难以矗立。对这个假设，英国古哲学家博特兰德·罗素爵士就完全不认同，他指出："据说人是一种理性的动物，我穷其一生在寻找这一观点的根据。"也许哲学家通过观察人类历史，发现人类历史上许多大事件充分证明了人的非理性。说到对哲学思想的贡献，德意志民族在世界上无出其右，康德、黑格尔、马克思，一流大师的名单还可以列下去，德国人可以说是够理性了吧。然而，两次世界大战都是德国人挑起的，战争带给德国的后果是什么，好像不用再多说了。能说德国人是理性的吗？观察我们身边的人和身边发生的事，说人的决策都是理性的，都是有利于个人利益最大化的，也没有多少说服力。比如人们在资本市场上的不理智表现、盲目跟风，对不同收入部分在消费支出时截然不同的态度，就很能说明问题。

再比如，古典经济学甚至整个西方经济学都建立在亚当·斯密提出的一个假设上面，这就是，无数人的利己行为可以带来全体利益的增进，靠市场这只看不见的手的自发调节，可以实现市场供求的均衡。其实，在西方和中国，研究亚当·斯密经济学说起源和发展的专家已经指出，这个结论是后人强加给斯密的。斯密唯一确定的经济假设是人都是自利的，对看不见的手是否能够实现市场供求均衡，大师其实是没有把握的。所以他特别强调市场经济中道德约束的作用，就是对人的自利行为的后果不那么确定。斯密认为自己首先是一个道德哲学家，然后才是经济学家。

作为芝加哥学派的重要人物和市场经济的忠实拥趸者，张五常教授曾经指出，经济学中其实很多东西是经不起验证的，没有用的。极而言之，他认为西方经济学也许可以简化为只剩下一条需求定律。

二、"萨伊定律"的冤案

山东老家有一句谚语："哪个庙里没有屈死鬼？"经济学说史上也有不少冤假错案。一个至今没有得到昭雪的，就是从马克思到凯恩斯都批判了所谓的"萨伊定律"。因为经济学说史上最伟大的两大经济学家的批判，萨伊在经济

学说史上可谓"臭名昭著"。1998 年，澳大利亚经济学家
斯蒂文·凯特斯出版了《萨伊定律和凯恩斯革命》，为萨伊
做了翻案文章。书中指出："凯恩斯……误解并歪曲了萨
伊定律……这是凯恩斯最为持久的遗产，也是至今为止仍
在危害经济理论的一项遗产。"根据凯特斯的研究，马克思
和凯恩斯对"萨伊定律"的批判，都曲解了萨伊定律，从
而根本不成立。

熟悉马克思主义经济学的人都知道，马克思在创立他
的经济理论过程中，批判继承了古典经济学理论，同时对
庸俗经济学进行了系统研究批判。其中萨伊的理论也在被
批判之列。马克思指出，萨伊的供给会自动创造需求、需
求与供给之间会自动保持平衡的理论是错误的。相反，由
于资本主义社会个别企业生产的有组织性和整个社会生产
的无组织性的矛盾，社会生产的无限扩大和有支付能力的
需求的有限性矛盾，导致生产的相对过剩，远远超过了社
会需求，因而必然周期性爆发生产过剩的经济危机，既造
成社会财富的巨大浪费，也使社会经济活动处于不断的剧
烈动荡之中。

凯恩斯在他的《就业、利息和货币通论》中，为了使
他的理论成立，树立了一个"稻草人"的靶子，这个靶子
就是萨伊。凯恩斯将 "萨伊定律"表述成"供给产生自己
的需求"，从而事实上将"萨伊定律"理解成生产出任何东
西自动地会被购买。接着凯恩斯批评萨伊的理论不能解释
经济周期和失业现象，提出了市场经济中会出现需求不足、

从而不能实现充分就业的基本理论，给国家干预经济生活提供了经济理论基础。

然而，凯特斯指出，这不是"萨伊定律"的本来含义。在 1803 年出版的《政治经济学概论》第 15 章中，萨伊论述了著名的"萨伊定律"："一种产品一经产出，从那刻起就给价值与其相当的其他产品开辟了销路。"当一个卖者生产并出售了一件商品，他马上就成了一个拥有可支配收入的购买者。一个人为了买，他必须先卖。换句话说，生产是消费的原因，增加的产出带来更高的消费支出。

其实，"萨伊定律"的要义就是，供给（卖）X 带来了对 Y 的需求（买），并不是供给自动创造需求，这里的供给是"有效供给"，是可以满足市场需求的供给。从这个角度来理解，萨伊定律是正确的，对现实经济生活有很强的解释力。常识告诉人们，人们要增加消费需求，提高生活水平，必须先提高收入水平。当更好的新产品被开发生产出来，往往开辟了新市场并增加了消费。每一次新技术革命和新产业的培育发展，都会带来市场规模的扩大和消费的大幅增加。拿 20 世纪 80 年代开始的信息技术革命和信息产业的发展来说，就创造了巨大的市场和需求，带来长达二十几年世界经济的高速增长。而生产过剩的经济危机之所以爆发，其中一个重要原因就是供给结构不合理引起的。因为生产厂商错误地预期了消费者的需求，从而引起产品卖不出去而积压，进而生产萎缩，收入减少，最后消费支出下降，衰退便产生。这一分析，与马克思分析的个别企业生产的有组织性与社会生产的无组织性，导致供给结构性生产过剩，可谓殊途同归。萨伊告诫当政者，"纯粹的消费刺激无益于商业活动；困难在于提供财富；而且我们已经看到唯有生产才可以提供那些财富"。"这样，一个好的政府以促进生产为目标，而一个坏的政府则去鼓励消费"。

　　国内学者和港台学者也曾经指出过经济学界对萨伊定律的曲解，提出要在宏观调控中重视供给管理。例如张五常教授在经济解释中曾经给萨伊定律正过名，国内胡代光教授早在 20 世纪 90 年代就提出要加强对供给经济理论的研究，在政府经济管理工作中重视供给管理的作用。联系今天中国经济发展中面临的问题，要打破一提供给管理，就想起马克思批判过萨伊定律，供给经济学和供给管理是不可触动的禁区。当前，我国经济发展中许多问题恰恰是供给方面出了问题，仅靠需求管理，靠财政货币政策刺激经济，并不能解决经济发展后劲不足的问题，不能保持经济持续发展。比如，我国劳动力素质不适应产业结构优化升级的需要；许多行业生产能力严重过剩，整个生产结构与需求结构严重不相适应；经济体制改革进展缓慢，制度供给不能继续激发经济发展的动力和活力；银行体系不合理及大大高于世界平均水平的存贷差，使企业生产经营资金成本过高，竞争力不强，中小企业难以得到金融支持；许多产品质量不过关，导致大量国内消费需求外流，如婴幼儿奶粉就是典型的例子；技术创新能力不强，产品更新

4o

换代和升级缺乏技术支撑；教育制度不合理，不少有条件的家长从初中开始就把孩子送到国外读书，大量教育消费转移到国外，如此等等。如果我们不在供给管理方面下功夫，设法增加有效供给，即使财政投入、货币投放再增加一些，也不一定会变成国内需求，也不能扭转经济增长下滑的势头。

三、马克思"被经典"的一个例证

我敢说，直到今天，没有多少人怀疑"人们奋斗的一切都与物质利益有关"，是历史唯物主义的经典表述。这句话作为马克思的名言被中国学者引用的次数，不是最多，只有更多。让我告诉你吧，实际上马克思"被经典"了。

20世纪80年代在《红旗》杂志社工作时，我有一个同事，也是山东同乡。他在"文化大革命"中曾作过一段江青的秘书。不知道因为什么得罪了江青，被关进了秦城监狱。江青等人倒台后，又被当作"四人帮"的爪牙继续关押，前前后后住了8年黑屋。在监狱不允许读别的书，他把马恩全集、列宁全集、斯大林全集、毛选四卷等经典著作全部通读，有的著作反复研读，马克思主义经典作家的著作不能说篇篇倒背如流，基本内容可以说做到了烂熟于心，是单位里有名的活词典。

有一次编发文章时，作者引用了"人们奋斗的一切都与物质利益有关"这句话，我向这位前辈请教出自于马克思哪篇著作。他当时很激动地说，马克思什么时候说过这句话？那是革命导师在批判机械唯物主义观点时，在一篇文章的注解里引用的某位哲学家的话，是作为批评的靶子用的。我回来一查，果然如此。具体是在哪篇文章引用的，我现在已经记不清了，但马克思阐述的观点还记忆犹新。在马克思看来，不能机械地理解物质与精神的关系，片面强调物质的作用，而忽视精神的重要作用与地位。人与动物的区别就在于人的社会性，并不是人们所有的努力都是为了物质利益，满足精神需求是人的重要社会属性。把人们一切社会活动的目的都归结为追求物质利益，就抹杀了人与动物的区别，就陷入了机械唯物主义的泥淖。

如果马克思在天有灵，听到他的信徒们一次次地把他坚决反对的观点作为他的话来引用，一定会一次又一次地从棺材里跳出来：我播下的本是龙种，怎么收获这么多跳蚤呀！

四、新自由主义等于新帝国主义？

曾经有一个时期，国内掀起了批判新自由主义经济学的热潮。开始时，我对宣传部门对一个学术流派大动干戈感到莫名其妙。认真读了报刊上发表的文章，终于明白了。原来他们把新自由主义同美国的全球经济战略，与新帝国主义完全混为一谈，唱了一出"关公战秦琼"的闹剧。

西方经济学从诞生到 20 世纪三四十年代，自由放任一直是一条连绵不断的主线。亚当·斯密以来，主流经济学家都把"看不见的手"的理论视为金科玉律。在斯密看来，在完全竞争的条件下，靠市场这只"看不见的手"的自动调节，可以实现供给与需求的平衡，无数经济主体的自利行为，其结果对整个社会是有利的，无需政府上下其手。与政治上的无政府主义相对应，这种主张被称为经济上的自由主义。然而经济生活中完全竞争并不存在（张伯伦和罗宾逊夫人同时认识到了这个问题），经济生活也不是那么井然有序。自从自由竞争的资本主义过渡到垄断资本主义阶段，周期性经济危机与资本主义经济一直如影随形，而且危机越来越深重，破坏性越来越大，矛盾和对抗越来越尖锐。在这种背景下，凯恩斯主义应运而生。凯恩斯认为，资本主义经济并不能自动实现供给与需求的平衡，自动地实现充分就业，提出运用财政和货币政策对经济活动实行干预，以扩大社会需求，刺激经济增长，实现供需平衡、促进充分就业的政策主张。各主要发达资本主义国家采取了凯恩斯政策主张后，二次大战后到20世纪70年代，西方国家经历了一个平稳发展时期，没有发生大的经济危机。到了70年代中期以后，西方国家出现了经济发展停滞与通货膨胀并发的问题，这在传统经济学看来是根本不可能发生的，引起了经济学界对凯恩斯主义经济理论和经济政策的极大怀疑，新的经济学分支如新货币主义、供应学派、理性预期学派、新制度经济学等流派纷呈。他们分别采用新的分析工具和方法，从不同角度试图证明市场调节的有效性和政府干预经济活动的不合理，实现向自由放任经济学和经济政策的回归。与传统自由放任经济学相对应，晚近崛起的这股经济思潮被称为新自由主义经济学。

新自由主义经济学在 20 世纪 80 年代以后重新占据了经济学主流地位，对美国政府的经济政策的确也产生了一定影响，如里根政府就采取了大幅度减税等供应学派的政策主张，但与美国的全球经济战略是两码事。明眼人完全可以看出，20 世纪八九十年代以来美国政府推行经济全球化，向其他国家兜售彻底的贸易自由、投资自由、金融自由等经济主张，强迫日本、南美国家等"小兄弟"推行经济改革、全面开放市场，与其说是受了新自由主义思潮的左右，毋宁说是受了美国国家利益的驱动；与其说是是新自由主义政策，毋宁说是新帝国主义逻辑。在世界经济发展历史上，从英国称霸天下的时代到美国唯我独尊的今天，无一例外，总是经济科技占优势的国家，更积极地主张国家之间投资、贸易的自由化。把美国的全球经济战略归结为新自由主义，那只能说明一些人的无知与幼稚。

不是说新自由主义不可以评论。但是，把新自由主义等同于新帝国主义，国家级媒体大张旗鼓地批判一个经济学流派，无疑是痛打了小鬼，放过了阎王，既小题大做，也抬高了新自由主义经济学家。美国大学的经济学教授们会感到无辜和莫名其妙，而白宫里策划美国全球经济战略的真正谋士们，看到官方经济学家枪枪都射错了靶子，会暗地里笑我偌大中国无人。

五、无知者无畏：关于"后危机时代"

2008 年全球金融危机刚爆发不久，中国政府在实行一系列刺激经济政策、经济增长速度又回到 9% 以上时，抢先宣称中国经济率先走出了危机的困境。一时间，"后危机时代"一词开始窜红，不但媒体大声鼓噪，一些经济学家也郑重其事地使用"后危机时代"概念讨论经济发展与改革问题。

媒体要跟着官方指挥棒转，同时为了吸引眼球，可以胡乱创造耸人听闻的概念，一些经济学家也跟着风癫，要么是真正的无知，要么是实在浅薄。

一些人奢谈"后危机时代"这样，"后危机时代"那样，其实他们根本不懂什么是经济危机，也不懂什么是后工业社会、后现代社会。

20 世纪 70 年代，以丹尼尔·贝尔为代表的西方社会学者提出了"后工业社会"的概念和理论，指出与前工业社会、工业社会不同，后工业社会经济发展动力、主要生产技术、经济结构都不同，社会政治结构和面临的矛盾都发生了重大变化，并就后工业社会的特点提出了一系列政治、经济、社会主张。就经济危机的性质而言，与后工业社会和后现代社会等问题没有逻辑上、学术上的联系，不可类比，提出后危机的概念不能解释危机结束后的经济发展特征和机理。

更为重要的是，与世界经济相联系，中国的经济危机事实上远远没有过去；从经济理论上看，危机是周期性的，没有什么后危机、前危机。

当这次全球经济危机爆发时，对中国经济发展的冲击来势凶猛，很快经济增长速度由 10%以上，下降到 6%左右，许多企业生产经营陷入严重困难。中国经济学家和中国政府都曾经做出了正确的判断，指出这次危机无论从范围和影响程度都是 1929—1933 年大危机以来最严重的经济危机。危机来临后我国采取了一揽子应对计划，启动总额为四万亿元的投资，刺激经济增长，的确在较短时间内实现了经济增长速度的反弹，很快使我国经济增长速度又回到了 9%以上。这时候迫不及待地宣布中国已经走出了危机，是比较轻率的。这根源于对危机爆发的深层次原因认识不深刻有关。从根本上说，2008 年爆发的全球经济危机，是因为上次以信息技术和信息产业迅猛发展为核心的技术革命和产业革命对经济发展的推动力已经释放差不多了，世界缺乏重大科技突破，缺乏能够推动世界经济实现新的发展的支柱产业。所以，美国房地产业市场崩溃引发金融危机，金融危机蔓延扩大，最终导致经济危机，只是表面现象。只要世界科技没有发生根本性突破，新兴产业没有形成经济发展新的推动力，全球经济很难实现根本好转。

从经济学理论看，提出"后危机时代"，是违背常识的。根据马克思的分析，经济危机根源于个别企业生产的有组织性和社会生产的无组织性，导致供给与需求的结构性失衡；在于生产的无限扩大与有支付能力的需求的有限性，导致社会供给与社会需求的总量失衡。而且由于矛盾的逐渐积累和固定资产的定期更新等因素，这种危机呈周期性特点。只要资本主义经济的基本矛盾没有解决，这次危机过去了，还会爆发新的危机，只不过表现形式和破坏程度不同罢了。自 1857 年第一次具有世界性特点的生产过剩经济危机爆发后，150 多年来，资本主义经济的历史就是这样走过来的。如此说来，哪有什么"后危机时代"？如果这次危机过去了，叫作后危机时代，那么下次危机过去后，应该叫作后后危机时代，以后只能叫作后后后……了。

有些自诩为主流经济学家的人可能会站出来：我只读西方主流经济学的书，从来不读马克思的书。那也丝毫不能改变这些所谓经济学家无知的事实。在西方经济学中，把经济危机称为经济周期或商业周期，也很重视对经济危机的研究，不同的经济学家先后提出了关于经济周期的短波理论、中波理论和长波理论。40 个月左右的经济周期是短周期，以提出这一理论的作者的名字命名为"基钦周期"，10 年左右的为中周期，称为"朱格拉周期"，50 年左右的是长周期，称为"康德拉捷耶夫周期"。他们同样认为，周期性出现经济的繁荣、衰退，是西方市场经济国家经济运动的一种规律性现象。

有点经济学常识的人都了解，对经济危机或经济周期的研究解释，是一种比较成熟的经济学理论。马克思把经济危机分成四个阶段，即衰退、萧条、复苏、繁荣。萧条结束，经济周期就进入了复苏阶段，而不是意味着危机的结束，更不是进入了"后危机时代"。我们的一些所谓经济学家，先不要急着出名，还是静下心来读点书吧，把经济学基本功先练好，不要再犯常识性错误，不要以其昏昏，使人昭昭。同时，避免自己当众出丑，影响中国经济学家的整体形象。

附录二
寻找管用的经济指标

经济指标是经济运动状况和变化的风向标，是经济分析的必备工具，是求解经济问题的钥匙。指标的真实性、可靠性，决定了经济分析和预测的科学性、可靠性。

中国经济学者包括政府经济学家，一般运用统计指标进行经济分析。这是研究习惯所致，在没有其他指标可利用的情况下，也是无奈之举。但这样做是有问题的。

众所周知，中国有些经济统计数字，尤其是国内生产总值等传统总量指标，是不大可靠的。这固然有技术方面的原因，但更重要的原因是，某些制度因素决定了我国统计数字要服从"需要"：上面要求数据好看，下面需要数据升官，使得统计数字很难做到真实客观。每年年底各地统计上来的经济增长速度，加总起来都要大大超过国家统计局经过"调整"而公布的全国增长速度。这样的 GDP 增长率，与其说是"统计"，不如说是"估计"。财政收入数字的真实性也是可以打问号的。记得在首届博鳌论坛上，外国记者向朱镕基总理提问，中国经济增长数据是不是有水分。朱总理回答，中国经济增长速度是否有水分并不重要，这几年我国财政收入是实实在在增长的，真金白银装在兜里了，这假不了。其实，财政收入数字照样可以作假。地方政府为了保增长速度，会迫使企业多报产值、收入和利润，从而造成过度征税，或者变着花样多收费，增加地方财政收入。同时，不同年度之间，税收可以转移，造成财政收入持续稳定增长的假相。其实，不光是中国，国外统计数字也不完全可信。马克·吐温就说过："世界上的谎言有三种：一种是谎言，一种是该死的谎言，一种是统计数字。"

为了把握真实的经济生活，有见识的领导人和学者在经济分析中早就尝试采取一些更可靠的经济指标。当年朱镕基总理到地方考察工作，一般不问经济增长速度，而是先问工业用电量增长多少，从而对当地的经济增长情况进行判断。李克强同志任总理后，非常重视铁路货运量、全社会用电量和银行贷款发放量这几个经济指标，来分析判断经济增长走势，被英国《经济学家杂志》称为"克强指数"。因为这几个数据既可以迅速采集，也不太容易作假，可信度比较大。了解了用电量、铁路货运量和银行贷款数量的增长情况，根据它们与经济增长之间的经验关系，就可以大体推算出实际的经济增长速度。

除了运用那些相对可靠的官方统计指标，只要你用心去发现，经济生活中有很多看似不显眼的指标，都在不同程度上反映了经济全局和某些方面的发展趋势，应该善于利用。

让我们来看几个有用的经济指数和经济解释的故事。

手机增减指数和厂房出租指数。在 2008 年全球经济危机全面爆发前，不少地方政府向国务院反映，当前中小企业生产经营十分困难，不少中小企业处于关闭停产状态，我国经济发展形势正在发生重大逆转。根据国务院领导要求，上半年若干政府部门多次派人到浙江、广东等中小企业集中的省份调研，结果多种统计指标显示，我国中小企业生产经营情况基本正常。后来我读了张五常先生的《多难登临录》，其中一篇文章提到，2008 年 6 月份他到珠江三角洲地区调研中小企业发展情况发现，与年初相比，东莞市厂房出租率下降了 30%，出租价格下降了 25%，移动电话用户减少了 18%。根据这几个数据判断，珠江三角洲地区中小企业停产或关闭数量大致在 15%—20% 之间，一场经济危机正在来临。张五常先生指出，珠江三角洲地区手机号码大幅度减少，说明有 20% 左右的农民工离开了广东，这些农民工离开广东，根本原因是因为工厂开工不足或已经停产关闭。珠江三角洲地区厂房出租率和出租价格下降，也与企业开工情况紧密相关。事实证明，张五常先生利用这两个不显眼的指标把住了经济活动的脉搏，比一些政府部门人员利用官方统计数据进行的分析判断管用多了。

税费指数。利用这个指标，可以判断企业生产经营的外部环境的变化。如果地方财政收入中税收占比提高，说明企业生产经营的外部环境改善了，反之如果财政收入中各种收费所占比重提高，则意味着企业生产经营外部环境的恶化。记得有一年在山东调研，一季度山东全省财政收入出现了较大幅度增长，大家都很高兴。当时的省长韩寓群却发现，一季度以来财政收入中收费所占比重明显提高，立即指出山东企业发展经济环境肯定出了问题，要求有关部门马上开展调研，找出问题症结，提出解决办法。

"榨菜指数"。前几年，有的学者发现，2009年以来，东部地区榨菜销售增长率下降18%左右，同时中西部地区榨菜销售增长率却猛增20%以上。他们根据这个情况断言，劳动密集型产业正大规模向西部地区转移，我国区域产业布局正发生着重大变化。在这里，经济分析的逻辑是，由于省钱、方便，农民工对榨菜需求量巨大。东部和中西部地区榨菜销售量的一升一降，说明数量巨大的农民工离开了东部地区，转移到了中西部地区。农民工一般文化技术水平不高，适于在技术含量不高的劳动密集型行业就业。农民工从东部大量转移到中西部，说明我国劳动密集型产业正由东部向中西部转移。

大学生就业意愿指数和企业家移民指数。在分析我国经济体制改革情况时，我发现两个指标非常有用。一是大学生就业意愿变化，二是民营企业家移民情况。十八大召开以前若干年，官方对改革的总体判断是我国经济体制改革不断深化，社会主义市场经济体制不断完善，政府机关转变职能步伐加快云云。但是，这些年来大学生就业时，选择到政府部门和国有大型企业工作的比例越来越大，出现了一个公务员职位上百人、甚至上千人竞争的不正常情况。这和20世纪90年代出现的全民经商热，包括国家公务人员也纷纷下海的情况形成鲜明对比。根据这种情况，我得出了两个结论：一是现在创业环境不理想，创业成功机会减少了，因此年轻人选择到虽然不能发大财、但相对比较稳定的政府部门或国有企业工作；二是政府部门的权力更大了，公务员的待遇和地位更高了，对年轻人的吸引力远远超过了民营企业和自主创业。与此同时，近年来我国民营企业家移民数量急剧增加。国外曾有评论说：中国的政策是让少数人先富起来，富起来的人却移民走了；中国是当今世界两大方面的出口国，一是工业制成品，一是富豪。两年前，新华社的资料指出，资产超过千万元的民营企业家移民率已经超过 20%，还有半数以上的民营企业家有移民意向。从这种情况可以推断，这些年国内企业生产经营的外部环境不是在不断改善，而是在不断恶化。不少企业家反映，现在搞企业最难的不是内部经营管理，而是与官员打交道，门难进，脸难看，事难办，身体累，心更累。通过对这两个指标的分析，完全可以得出一个总的结论：近十几年来，国有企业改革和转变政府职能改革进展不大，市场机制作用发挥还很不充分，改革的路子还很长。

"大妈指数"。有人说，在中国，要判断哪个领域快过热了，就看大妈在哪里扎堆。不是搞笑，不是巧合，大妈扎堆买什么，什么价格就陡降，已经成了中国经济的一大景观。这种经验事实，一定反映了深刻的经济规律。曾几何时，大妈都去炒股票，股票市场崩盘了，大妈都去买黄金，黄金价格下降了。经过近十几年来大妈一如既往地扎堆炒房地产，可能真的意味着房地产天价时代就要一去不复返了。至于大妈广场舞风起云涌，全国普及，后面会是什么样的剧情，该轮到社会学家出场了，经济学家就没有发言资格了。

西方谚云：魔鬼隐藏在细节背后。智慧在民间，理解经济运动的玄关隐藏在经济生活自身。要想对中国经济做出科学的解释和预判，经济研究者就必须多下点"田野调查"的功夫，深入经济生活实际，培养对经济工作的感觉，增强敏锐性和洞察力，及时发现那些能真正反映经济发展趋势的有用指标，以小见大，由点到面，从微观看宏观，由此及彼，由表及里，把握经济变化和未来走势。完全与实际经济运动相脱离，坐在书斋里一尘不染，别人喂什么吃什么，用别人过滤过的信息去解释经济生活，预测经济走势，十有八九是道听途说，人云亦云，以讹传讹，不得要领。这样的研究除了能变成铅字，换来稿费、职称和名声，不知有何实际意义。按这个研究路数走下去，真的不知伊于胡底。

后　记

心无旁骛地做了十几年政策咨询工作后，重拾学术研究写的第一本书，我还是挺看重的。"敝帚自珍"，人同此心吧。

书稿临近完成，开始考虑送给哪家出版社。第一时间，我想到的是国务院研究室主管主办的中国言实出版社。因为我在国务院研究室工作了整整12年，度过了一生中最难忘的一段岁月，有太多辛劳汗水与喜怒哀乐成为不可磨灭的记忆，有不少师长朋友和深情厚意值得怀想和珍视。

向王昕朋社长介绍了本书的主要内容后，昕朋说，中国言实出版社正在出版一套政策咨询系列丛书，内容是国务院研究室同志的研究成果。你这本书想让中国经济学研究更好服务于国家改革和发展，特别是研究如何使老百姓过得更好的问题，是替"穷人"说话的，我们对你这个作者也很了解。书我们出，没说的。昕朋答应得这样干脆，出乎我的意料。英国古典经济学家大卫·李嘉图以自负出名，说他的书全英国能读懂的不超过5个人。我这本书不是那样曲高和寡，但也不会成为大红大紫的畅销书。看起来，可能由于与国务院研究室的"血缘"关系，中国言实出版社虽然规模不大，还是有性格、有品格的。世道人心，追名逐利，天下滔滔，红尘十丈，能做到这一点并不容易。

感谢责任编辑佟贵兆、唐伟提出的中肯意见和精心编辑，避免了一些不应该出现的差错，提高了书稿的质量。我女儿马诗音自告奋勇为本书设计封面，使这本书增色不少。唯愿这本书不令读者失望，不辜负出版社的支持和编辑同志的辛勤劳动。

马传景

2014 年 10 月 27 日